中华当代学术著作辑要

信息经济学与信息管理

乌家培 著

图书在版编目(CIP)数据

信息经济学与信息管理/乌家培著.—北京:商务印书馆,2022(2022.12重印)
(中华当代学术著作辑要)
ISBN 978-7-100-20746-1

Ⅰ.①信… Ⅱ.①乌… Ⅲ.①信息经济学 ②信息管理 Ⅳ.①F062.5 ②G203

中国版本图书馆 CIP 数据核字(2022)第 028161 号

权利保留,侵权必究。

中华当代学术著作辑要
信息经济学与信息管理
乌家培 著

商 务 印 书 馆 出 版
(北京王府井大街36号 邮政编码100710)
商 务 印 书 馆 发 行
北 京 通 州 皇 家 印 刷 厂 印 刷
ISBN 978-7-100-20746-1

2022年4月第1版	开本710×1000 1/16
2022年12月北京第2次印刷	印张11¼

定价:68.00元

中华当代学术著作辑要
出版说明

学术升降，代有沉浮。中华学术，继近现代大量吸纳西学、涤荡本土体系以来，至上世纪八十年代，因重开国门，迎来了学术发展的又一个高峰期。在中西文化的相互激荡之下，中华大地集中迸发出学术创新、思想创新、文化创新的强大力量，产生了一大批卓有影响的学术成果。这些出自新一代学人的著作，充分体现了当代学术精神，不仅与中国近现代学术成就先后辉映，也成为激荡未来社会发展的文化力量。

为展现改革开放以来中国学术所取得的标志性成就，我馆组织出版"中华当代学术著作辑要"，旨在系统整理当代学人的学术成果，展现当代中国学术的演进与突破，更立足于向世界展示中华学人立足本土、独立思考的思想结晶与学术智慧，使其不仅并立于世界学术之林，更成为滋养中国乃至人类文明的宝贵资源。

"中华当代学术著作辑要"主要收录改革开放以来中国大陆学者、兼及港澳台地区和海外华人学者的原创名著，涵盖文学、历史、哲学、政治、经济、法律、社会学和文艺理论等众多学科。丛书选目遵循优中选精的原则，所收须为立意高远、见解独到，在相关学科领域具有重要影响的专著或论文集；须经历时间的积淀，具有定评，且侧重于首次出版十年以上的著作；须在当时具有广泛的学术影响，并至今仍富于生命力。

自1897年始创起，本馆以"昌明教育、开启民智"为己任，近年又确立了"服务教育，引领学术，担当文化，激动潮流"的出版宗旨，继上世纪八十年代以来系统出版"汉译世界学术名著丛书"后,近期又有"中华现代学术名著丛书"等大型学术经典丛书陆续推出,"中华当代学术著作辑要"为又一重要接续,冀彼此间相互辉映,促成域外经典、中华现代与当代经典的聚首,全景式展示世界学术发展的整体脉络。尤其寄望于这套丛书的出版,不仅仅服务于当下学术,更成为引领未来学术的基础,并让经典激发思想,激荡社会,推动文明滚滚向前。

商务印书馆编辑部

2016 年 1 月

前 言

这本书是由作者所写的论文、报告、讲稿、发言等加工整理而成的。其中,绝大部分内容尚未公开发表过,个别部分虽在内刊或公开刊物登载过,但也已作了改编和增补。

全书共分三个部分,有十六章,以及两个附录。第一部分为信息经济学,包括第一章至第十一章。这部分内容是对我同谢康、王明明同志合作编著的《信息经济学》(高等教育出版社2002年版)一些内容的订正与补充,曾给他们两位和高等教育出版社的刘青田同志看过,没有听到不同意见。我对他们三人的支持表示感谢。第二部分为信息管理,包括第十二章、第十三章两章。前一章是根据我在2002年中国信息经济学会年会上的讲话改写的,后一章则是这次新写的。第三部分为电子政务,包括第十四章至十六章,是在一组有关电子政务的论文、报告和发言的基础上修改、编纂出来的,其中还有我参加2002年11月在美国国务院办公大楼召开的一次"实施电子政务"国际盛会的部分内容。最后有两篇附录,第一篇是2003年10月12日在全国电子商务建设协作组举办的"第二届电子商务骨干教师培训班"上所作的主报告,考虑到它对培养电子商务专业本科生有重要意义,故收入本书。第二篇与前两个部分涉及的信息化对我国实现跨越式发展的意义有关,不宜并入正文,放在附录较为合适。

本书出版后,我诚挚地期盼着学术界和读者们不吝赐教。

目　　录

第一部分　信息经济学

第一章　信息经济学的历史、内容和作用 …………………… 3
　　第一节　信息经济学的发展史 ………………………………… 3
　　第二节　信息经济学的内容 …………………………………… 5
　　第三节　信息经济学的作用 …………………………………… 6
第二章　信息商品及其供求机制 ………………………………… 8
　　第一节　信息商品使用价值与价值的特点 …………………… 8
　　第二节　决定信息商品供求的因素 …………………………… 11
　　第三节　信息商品的成本结构和定价方式 …………………… 13
第三章　信息系统及其成本、效益与评价 …………………… 15
　　第一节　信息系统的作用与发展 ……………………………… 15
　　第二节　信息系统的成本与效益 ……………………………… 17
　　第三节　信息系统的评价及其方法 …………………………… 19
第四章　信息搜寻与选择原理 …………………………………… 21
　　第一节　信息搜寻原理 ………………………………………… 21
　　第二节　信息系统选择原理 …………………………………… 25
第五章　信息产业及其发展 ……………………………………… 27
　　第一节　信息产业的出现与界定 ……………………………… 27

第二节　信息产业在国民经济中的地位和作用 …………… 30
　第三节　信息产业发展的趋势与规律 ……………………… 31

第六章　信息市场与信息贸易 …………………………………… 37
　第一节　信息市场的含义与特性 …………………………… 37
　第二节　信息市场的功能与模式 …………………………… 38
　第三节　我国信息市场的发展与存在问题 ………………… 39
　第四节　国际信息贸易及其对提高国家竞争力的作用 …… 40

第七章　信息经济及其测度 ……………………………………… 44
　第一节　信息经济的含义与特点 …………………………… 44
　第二节　信息经济的测度及其方法 ………………………… 49

第八章　经济信息化与电子商务 ………………………………… 53
　第一节　信息化的由来与发展 ……………………………… 53
　第二节　信息化与工业化的关系 …………………………… 59
　第三节　经济信息化与企业信息化 ………………………… 65
　第四节　电子商务及其发展 ………………………………… 71
　第五节　信息化指数及其计算 ……………………………… 79

第九章　信息非对称对经济行为的影响 ………………………… 81
　第一节　非对称信息与非对称信息理论 …………………… 81
　第二节　逆向选择与道德风险 ……………………………… 83
　第三节　委托代理理论与委托代理关系 …………………… 85
　第四节　激励机制的设计与建立 …………………………… 87

第十章　信息在资源配置中的作用 ……………………………… 89
　第一节　信息结构及其作用 ………………………………… 89
　第二节　信息效率及其作用 ………………………………… 92
　第三节　价格信息及其体系对资源配置的影响 …………… 93

第十一章	信息技术在经济发展中的作用	96
第一节	信息革命与信息技术发展	96
第二节	信息技术对经济发展的影响	98
第三节	信息技术的评价与选择	103

第二部分　信息管理

第十二章	信息化中的经济和管理问题	107
第一节	信息化与改革、开放、发展的关系	107
第二节	信息化中的经济和管理问题研究	109
第三节	大力发展信息经济学和信息管理学	114
第十三章	信息管理同数据管理、知识管理的联系与区别	116
第一节	数据管理及其重要性	116
第二节	信息管理及其发展	118
第三节	知识管理及其未来	121
第四节	正确认识和处理三种管理的关系	125

第三部分　电子政务

第十四章	政府信息化与电子政务	129
第一节	政府信息化、电子政府、电子政务的概念	129
第二节	推进电子政务要讲战略、重实效、促协同	132
第十五章	电子政务的全球展望与持续发展	140
第一节	电子政务全球展望	140
第二节	电子政务持续发展的决定因素	142
第三节	正确处理电子政务实施过程中的各种关系	144
第十六章	电子政务与电子商务的异同与互动	151
第一节	电子政务与电子商务的异同	151

第二节　电子政务与电子商务的互动……………………………153

附　　录

一、关于健康发展电子商务专业的若干思考………………………157
二、信息化与跨越式发展………………………………………………165

第一部分 信息经济学

第一章 信息经济学的历史、内容和作用

信息经济学是对经济活动中信息及其影响进行经济分析的经济学,也是对信息及其技术与产业所改变的经济进行研究的经济学。

信息经济学的产生,既与市场经济规模扩大以至全球化发展后不确定性增加或风险加大而使信息的作用日益重要有关,又与信息科技革命导致信息产业和社会生产力巨大发展有关。

第一节 信息经济学的发展史

信息经济学的历史不长,从它在20世纪60年代初正式被提出算起,至今才40多年。但该领域研究中已有多人数次获诺贝尔经济学奖。

1959年,美国经济学家马尔萨克(J. Marshalk)首次发表《信息经济学评论》一文,讨论了信息的获得使概率的后验条件分布与先验的分布有差别的问题。他后来还研究了最优信息系统的评价和选择问题。1961年,另一位美国经济学家斯蒂格勒(G. J. Stigler)在《政治经济学杂志》上发表题为《信息经济学》的著名论文,研究了信息的成本和价值,以及信息对价格、工资和其他生产要素的影响。他提出了信息搜寻理论,并用不完全信息假设替代完全信息假设,来修正传统的市场理论和一般均衡理论,因此而荣获1982年度诺贝尔经济学奖。普林斯顿大学教授马克卢普(F. Machlup)把知识生产的理论研究与其统计调查结合

起来,于1962年出版了一本专著:《美国的知识生产和分配》。该书在西方不少国家和日本引发的巨大反响延续了10多年,以致有学者认为,知识产业的发展会改变传统的经济与经济学。

1970年阿克洛夫(G. Akerlof,现为加州大学伯克利分校教授)发表论文《柠檬市场:质量不确定性和市场机制》,提出由于信息不对称导致二手车市场中劣质商品排挤优质商品的"逆向选择"原理,被称为"柠檬理论"。1973年、1974年斯彭斯(M. Spence,现为斯坦福大学教授)发表论文《就业市场信号的使用》《市场的信号使用》,提出市场中介通过使用信号可抵消逆向选择效应的"信号理论"。1976年,施蒂格利茨(J. E. Stigliz,现为哥伦比亚大学教授)与他人合作发表论文《竞争性保险市场的均衡:论不完备信息经济学》,提出处于信息劣势的一方在信息非对称的市场,仍可通过让信息优势方自我选择的筛选方法,来改善自己处境的市场运作理论。他在同一年又与他人合作发表《信息与竞争性价格系统》的论文,提出了市场信息效率与市场效率之间存在"悖论"的重要学说,认为社会需有适度的市场信息来保证市场的有效运行。以上3位教授,因其相互有联系和可补充的非对称信息理论的创造性研究而共同荣获2001年度诺贝尔经济学奖。

在70年代对信息经济学作出过贡献的学者还有不少人。例如:赫什雷佛(J. Hirshleifer)在1971年提出了信息市场理论;波拉特(M. Porat)完成了《信息经济》的研究报告,用投入产出技术对1967年美国信息经济的规模和结构作了统计测算和数量分析,其方法为经济合作与发展组织(OECD)所采纳和推广;1972年度诺贝尔经济学奖获得者阿罗(K. J. Arrow)把信息同经济行为、经济分析、风险转移联系起来,对信息的特性、成本以及信息在经济中的作用等问题作了开拓性研究,并于1984年出版了《信息经济学》论文集。又如,维克里(W. Vickrey)在所得税和投标、喊价的研究中,解决了在信息分布不对称条件下,使掌握较多信息者有效地运用其信息,以获取利益并优化资源配置的问题,莫里斯(J. Mirrlees)则在维克里研究的基础上,建立和完善了委托人和代理人之间关系的激励机制设计理论。这两位学者因此而共获1996年度诺贝尔经济学奖。非对称信息经济理论的研究还使博弈论在经济中的应用重新活跃起来。

尽管各个时期一批经济学家从不同角度研究了信息经济学的种种问题,他们对信息经济学的理解和表述也很不一致,但信息经济学作为一门独立的经济学科的地位,终于在20世纪70年代末、80年代初得到了公认。1976年,美国经济学会在经济学分类中正式列出信息经济学,1979年,首次召开了国际信息经济学学术会议,1983年,《信息经济学和政策》(*Information Economics and Policy*)国际性学术杂志创刊。到了80年代中期,信息经济学开始从发达国家向发展中国家传播。我国于1989年成立了中国信息经济学会,其后,每年召开信息经济学学术年会,一直延续至今。至1996年,我国的应用经济学的专业目录中,首次单独列示和介绍了信息经济学这一学科。

第二节 信息经济学的内容

信息经济学的研究内容十分丰富,它包括3大部分:

1. 信息的经济研究(Economics of Information)。这部分内容有:信息商品的效用、成本、价格、供求关系以及其他特性;信息系统的含义、作用、组织与发展、费用与效益及其评价方法;信息搜寻的方式与对策、差异与最优次数的确定等。

2. 信息经济的研究(Information Economics)。这部分内容有:信息产业的形成和演进、在国民经济中的地位和作用、发展规律和产业政策;信息市场的特征、模式和信息贸易的种类、竞争关系;信息经济的特征、测度及其方法;国民经济信息化的理论、途径、方式,以及它与工业化的关系等。

3. 信息与经济间关系的研究。这部分内容有:信息非对称性对经济主体行为的影响和在经济关系中的作用、委托代理关系、激励机制与企业制度安排、市场缺陷及其弥补办法;信息结构、信息效率,以及它们对资源配置的作用;信息技术的评价、选择、发展及其对经济增长的作用等。

信息经济学按其研究性质可分为理论信息经济学和应用信息经济学。理论信息经济学主要研究信息及其特性对经济主体的行为与相互关系的影响,旨在借助信息以减少或消除不确定因素所造成的后果。应用信息经济学是从研究信息产业(包括知识产业)和信息职业(包括知识职业)开始的,它主要研究信息商品、信息系统、信息网络、信息产业、信息市场、信息贸易、信息基础设施,以及信息化建设中的经济问题。信息经济学按其研究的层次或范围,还可分为微观信息经济学与宏观信息经济学。微观信息经济学是从微观经济学中分化、独立出来的,主要研究市场信息对经济行为的影响及其后果,它与理论信息经济学有重叠之处,但并不完全等同。宏观信息经济学主要是研究国家的和世界的信息产业、信息贸易等经济问题,它与应用信息经济学有重叠之处,但也不完全等同。前述信息经济学的3大部分都各有其相应内容分属于按这两种分类划分的4种信息经济学。它们的研究对象可统一归结为:信息与其技术以及它们的产业化对经济发展产生的影响或后果。

第三节 信息经济学的作用

信息经济学正在走入现实生活,它的作用是多方面的。从理论上看,由于信息经济学在经济研究中引入了信息是不充分的、不完备的、非对称的、有成本的一系列假设,已经改变并正在改变着传统经济学因假设信息是完全的,如阳光和空气那样可随便获取,所得到的一切结论,包括市场理论和均衡理论等。信息经济学为经济学家观察和研究经济问题提供了一种新的透视或分析方法,即用信息的观点,把研究对象视为借助于信息的获取、传递、加工处理、利用而实现特定目的的系统,从信息的特性出发分析该对象的变化及其后果。

从实践中看,信息经济学的作用是巨大的。这表现在:

1. 帮助人们认识信息商品和信息系统的特性,懂得以最小的代价去搜寻和选择有用的信息,找到最优的信息系统,以及为信息商品确定科学定价的原则和方法。

2. 有助于人们掌握和运用信息产业、信息经济的发展规律,并在信息化过程中少走弯路,用信息化来促进经济发展、社会进步和提高人民生活的水平和质量。

3. 有利于深入分析经济发展的成因,特别是信息(包括知识)作为经济中的重要投入要素的作用,这种作用具有边际效益递增的趋势。

4. 有益于揭示信息分布的非对称性对激励机制、商业谈判、制度安排等的影响,对市场运转的不利影响及其弥补措施。

5. 促使人们理解信息的可靠性、完整程度和披露方式对市场和政府有效运作的重要性,信息不灵必然会导致市场配置和政府调控的失效。

6. 推动人们加深认识越是复杂的经济活动(如金融、环保、脱贫解困等)越要依赖于信息,信息对这类活动的作用在增大,缺乏信息和必要的信息处理能力,都会影响这类活动的效率,甚至导向失败。

第二章　信息商品及其供求机制

第一节　信息商品使用价值与价值的特点

马克思研究资本主义经济是从其细胞商品开始的。我们研究信息经济也需从信息商品入手。

信息是一种不同于物质和能量的资源。它的重要性体现于信息在发送、传输、接收过程中客体和主体相互作用的关系中。信息既非纯客观或纯主观的东西,而是客观和主观的统一。信息无处不在、无时不有,但杂乱无章的信息并非资源,只有经过开发、可供利用的信息才是资源。这种资源与物质、能量共同构成世界赖以存在和发展的基础。信息资源可以是狭义的,仅指信息内容本身,也可以是广义的,还包括与信息内容相关联的技术和人、财、物等因素。狭义的信息在一定社会条件下同样能成为商品。商品就是用来交换的、能满足人们某种需要的劳动产品(或服务)。信息商品化是经济发展的必然趋势。

信息商品同其他商品一样既有使用价值又有价值。但与其他商品不同,信息商品的使用价值和价值都有很多特性,这是由信息的特性所决定的。

一、信息商品使用价值的特点

1. 交换非对称

在实物商品交换中,买卖双方一手交货,一手交钱,卖者失去商品的使用价值但实现了商品的价值,买者支付货币后拥有了该商品,两者在商品等价交换中的关系是对称的。在信息商品交换中,由于信息存在共享性,即使用无排他性,卖者收到钱后并未失掉该信息商品的使用价值,导致交换非对称。在这种情况下,信息商品的使用价值不是处于同价值相对立的关系,使卖者可能再卖,而买者也可能转卖。为规范信息商品的交换行为,"一稿不准两投""版权不容侵犯"等各种契约关系随之应运而生。

2. 满足需要有层次性

一般物质商品的使用价值在满足消费者需要时,不会受消费者素质高低的影响,是无层次的。例如,毛巾用来擦脸,其效用对"白领"和"蓝领"是一样的,没有高低层次之分。但信息商品使用价值发挥作用的大小,则因消费者的素质和消费技术不同而异,会使其满足需要的程度有明显的层次性。例如,同一个供决策用的信息商品,由于决策者水平高低不一样、决策方式不一致,所产生的决策效果不仅会有大小的差别,而且还会有正负的不同。又如,一件陶瓷制品,若作为生活用具,其消费是单一的,无层次可言,若作为考古用的信息商品,其使用就复杂了,识货的或不怎么识货的使用者,对其鉴别的等级会很不一样。

3. 随载体和时间而变动

物质商品的使用价值是独立存在的,并具有确定性。例如,轿车可载人,这种有效性不会变,除非车坏了。但信息商品的使用价值却是可变的。由于信息对载体的依附性,信息商品的使用价值依附于载体的使用价值上,随着载体的变换,信息商品使用价值的实现方式会因此而改变。把一本书刻成光盘,尽管信息内容没有变,但使用价值的存在形态和满足需要的方式都变了。信息商品的使用价值还会因时间而改变。由于信息有时效性,信息商品也有时效性,一旦变成"明日黄花",其使用价值就会大打折扣甚至完全丧失。但也有相反的情况,有些信息商品如书画等文物保存时间越长,其满足人们观赏、收藏欲望的使用价值也会随之增大,很有可能还会因此而变成"无价之宝"。

二、信息商品的价值及其表现形式同物质商品相比更具复杂性,通常存在以下3种互有联系但并不相同的理解

1. 效用价值

这是有信息和无信息两种情况下产生的决策结果,在经济效益上进行比较所得的差值,其实质乃是该信息货币化了的使用价值。它的表现形式常因信息商品的用途不同而不同,如技术型信息商品的效用价值较大、较明显,也易计量;艺术型信息商品的效用价值则很难估算、较为隐匿,还可能因人而异。

2. 费用价值,也就是劳动价值

物质商品的劳动价值由生产资料转移价值(C)、活劳动的本身价值(V)和它创造的剩余价值(M)所构成,这三部分都是劳动(包括活劳动和物化劳动)为生产商品所消耗的"费用"。整个价值量则由社会平均必要劳动时间来确定。信息商品劳动价值及其量的确定远比物质商品复杂和特殊。例如,在C中占主要份额的信息材料的转移价值具有不确定性;在V中专业性强的复杂劳动或高智力劳动居优势,对它的估价总是远远低于其本身的价值。至于M则依信息成果的扩散程度和效益大小为转移,因而简直无法测定。同时,由于信息商品尤其是知识型信息商品具有独创性和唯一性的特点,其价值量就由生产它的个别劳动时间来确定。这就把物质商品中新产品价值量的确定方式普遍化了。

3. 效益价值

有绝对效益价值与相对效益价值之分。前者是使用信息商品的经济所得,减去生产信息商品的成本支出的差额;而后者则是经济所得除

以成本支出的比率。

信息商品价值上述3种理解的存在表明信息商品价值的不统一性。其中,效用价值具有多维性(在不同层次多方面满足人们需要的客观属性)和累积性(可对不同时段不同消费者身上各部分效用进行累加),劳动价值具有极大的变动性和不确定性,效益价值具有更大的实用性和可计量性,能反映信息商品的净效益。

第二节 决定信息商品供求的因素

信息商品的供求受三类因素影响:一类是同时影响供求的因素;另一类是单独影响供给或需求的因素;再一类是供求互为影响的因素。

在第一类因素中有:

1. 社会和经济发展的阶段、规模和水平

这个因素通过信息基础设施的建设、信息化政策法规的环境、信息产业化和商品化的发展等途径,直接影响信息商品的供给,同时还从人均国内生产总值(GDP)指标、民众受教育程度、社会生活质量等方面直接影响信息商品的需求。一般认为,人均GDP超过1000美元后,社会对信息商品的需求会急剧增长。

2. 技术尤其是信息技术的发达和普及程度

计算机硬件和软件技术、电信技术和网络技术等越发达,信息商品供给能力就越强;电脑、电话、广播、电视越普及,信息商品需求也必然越大。

3. 信息商品价格的高低

供求与价格是相互影响的。价格高了,供给会增加;供给多了,价格会降低;价格低了,需求会增长;需求旺了,价格又会提高。这样循环往复,反之亦然。但不同信息商品的价格对供给或需求的弹性并不一样。

在第二类因素中,单独影响信息商品供给的因素有生产能力,单独影响信息商品需求的因素有市场规模。生产能力包括信息劳动者、信息工具、信息材料、信息科技、信息企业的经营管理等各种要素。市场规模决定于人口数量、消费者的支付能力,以及他们的精力和时间等要素。在扩大需求过程中,把潜在的市场转化为现实的市场极为重要。

至于第三类因素,由于供求间存在互动关系,一方面供给创造和满足需求,另一方面需求拉动和实现供给。对信息商品来说,生产一定要面向需求,特别是个性化和多样化的需求,而新的需求往往又是供给创造出来的。信息商品在消费中还有引发更大需求的特点。

信息就总体而言,有供求不平衡的问题,特别是有需求却得不到满足;但就个体而言,由于它可以重复使用,还可供多人同时使用,不易出现供不应求的问题,只会存在找不到需求的供给。

信息商品是典型的经验商品。它犹如物质商品中的新产品,需在使用过程中识别和了解其特性。因此,在交易时,卖方与买方之间对商品的质量和功能产生了信息不对称的情况,从而会导致交易因欺诈受阻、市场因信号有误失灵。这就需要采取规范市场行为、重视行业自律、发挥中介组织作用、加强政府监管等措施,以平衡供求关系。

信息商品还有正的或负的外部性,溢出效应显著。这往往发生在市场价格体系之外,反映出对交易主体以外社会成员福利的影响。如一本好书出版后,卖给读者在流传过程中会产生正的外部效应,而过多的电视广告随着节目的播出强加给观众,则会产生负的外部效应。为了调节信息商品的供求,处理好社会效率与市场均衡之间的关系,政府需要进行必要的干预。

第三节　信息商品的成本结构和定价方式

与信息商品的特点相适应,信息商品的成本结构也有不同于一般物质商品的独特性。它表现为生产的固定成本很高而复制的可变成本很低。固定成本的绝大部分为沉淀成本,它预付于生产开始前,而当生产一旦停止就无法回收。可变成本与固定成本不同,它随信息商品产量增加而增加。由于信息商品可无限复制,在大规模销售的情况下,信息商品的边际成本趋向于零,有所谓"零增量成本"之说。把绝大部分成本集中于原始的第一份信息商品上,往后,多拷贝一份的成本几乎为零,这样特殊的成本分布状态,即使是规模经济效果很大的物质商品,其成本也不会有此类极端情况。

价格是价值的货币表现,并随供求变动而变动。这个原理同样适用于信息商品。但是信息商品的价值和使用价值以及供求关系和成本结构的特点,使信息商品比物质商品在定价方式上更具复杂性和多样化。

一般说,信息商品定价会更多地考虑效用价值大小,其稀缺性与使用后获利可能性,以及买卖双方为共担风险和分享预期利润进行的谈判、协议,对成交时价格高低的影响会更大。

具体地说,信息商品定价不宜采取"一种价格卖给所有人"的方式。差别定价(或价格歧视)有利于向不同顾客以他们愿意支付的最高价格销售信息商品,从而使信息商品的价值最大化。这也是信息商品生产者收回高固定成本和有效地对付竞争对手的定价方式。

差别定价主要有3种方式:

1. 个性化定价

信息商品具有个性化的特点,其价格也应个性化,因人而异,向每位顾客收取其刚好愿意支付的价格。例如,对专题研究报告等这样的信息商品进行"一对一"的个性化定价。这种定价方式在经济学专门术语中叫"完全价格歧视"。

2. 按版本定价

把信息商品按其消费特征,如使用速度、容量大小、时间快慢、清晰程度、更新情况等方面,划分不同的版本,进行有差别的定价,作出定价菜单,供购买者"自我选择"。这对生产企业和顾客双方都有好处。

3. 按不同消费群体定价

比方说,同样的信息商品,如数据库及其服务,对专业用户实行高价,对非专业的、还在学习的大学生采用低价。这不仅是因为大学生支付能力低、对价格比较敏感,更主要的是为了发展未来有忠诚度的顾客群,当他们还年轻时就使他们"上瘾",拉他们"入伙"。

第三章 信息系统及其成本、效益与评价

信息系统有两种含义：一种是指决策过程中可供搜寻、选择的信息集合，如病人求医时，要找的医生对病人来说，就是他的信息系统；个人或组织进行决策时，为其提供咨询意见的智囊团，就成了他们的信息系统等。另一种是指由相应的信息、设备、器材和人员等组成的、执行各种信息功能的总体，如情报系统、图书馆系统、档案馆系统、企业管理信息系统、政府部门的政务信息系统，以及国家经济信息系统等，它们可能是以人工为基础的传统信息系统，但更多的是建立在计算机、通信和网络等信息技术基础上的现代信息系统。这两种信息系统无论是积聚的信息内容，还是广义信息资源的组织形式，它们都是提供信息服务或信息产品的，但其概念产生的背景和条件并不相同。第一种概念产生于统计决策理论关于最优信息系统选择理论的研究中；第二种概念产生于信息活动的实践，特别是现代信息技术在社会和经济领域广泛应用的实践中。这里所说的信息系统限于第二种含义中的现代信息系统。

第一节 信息系统的作用与发展

在现代社会，无论政府部门、企事业单位或其他组织，都有与自身业务紧密联系的信息系统。一个组织的信息系统对该组织来说，犹如

人的神经系统起着联络和协调内部器官、认识和改造外部世界的重要作用。

现代信息系统是一种数字神经系统。越是复杂庞大的组织，由于信息功能及其作用对它来说尤为重要，也就更加离不开现代信息系统。

以现代企业为例，外部环境错综复杂、瞬息万变，竞争压力日趋增大，内部业务和管理通过集成、整合越来越一体化。因此，它必须在行动上更加灵捷，在组织上更有柔性，特别是为了善于学习、富于创新，争取战略优势和增强竞争力，它不能没有现代信息系统的强有力支持。这种信息系统可以说是现代企业正常运行和高效管理的必要保障。

信息系统是随着信息技术的革新和信息管理的变革，围绕业务流程的发展而发展的。再以现代企业的信息系统发展过程为例，它从单项业务的、分散的信息系统，发展到综合业务的、集成的信息系统。前者如生产作业信息系统、财务会计信息系统、办公信息系统、决策信息系统等；后者如制造资源计划（MRPⅡ，它由物料需求计划 MRP 发展而来，使物料流动与资金流动相互结合）的信息系统、计算机综合集成制造系统（CIMS，它把设计制造、生产决策、经营管理、市场研究、销售服务等功能融为一体）。计算机网络技术发展后，由于供需链管理理念的影响，MRPⅡ系统又发展成为新的企业资源计划（ERP），从而使企业管理的资源从内部资源扩展到外部资源。ERP 有顾客驱动的、基于时间的、面向供应链管理的 3 个特点。ERP 的采用需以企业的业务流程重组（BPR）为基础，要求根据重组的业务流程和信息流程，对企业的组织机构作相应的变革。如果说 CIMS 侧重于技术信息的集成，那么，ERP 则侧重于管理信息的集成。

由于互联网（Internet）技术的应用与普及，企业信息系统进一步实现了从封闭到开放的飞跃，出现了企业内部网（Intranet）与外部网（Extranet）。Intranet 具有开放与安全的两个特点，它继承了 Internet 开放、易用的优点,又克服了 Internet 安全性差、不易管理的缺点。Intranet 大大地促进了信息交流与共享,有利于创造使工作协调的环境。Extranet 进一步把网络服务从企业内部延伸到外部的客户、合作伙伴与供应商。实际上,Intranet 是企业内部的 Internet,而 Extranet 扩展了 Intranet 的功能,把服务对象从企业内部的机构和工作人员,扩展到与本企业有关联的商家和顾客,以实现商业互动。

信息系统从传统的人工系统到现代的电脑系统的发展,是有规律的。其发展过程有技术及其应用的变化、数据处理组织的变化、计划和控制战略的变化、用户参与程度的变化等。掌握这些变化因素之间的平衡关系,对信息系统的健康发展至关重要。根据美国学者诺兰对美国 200 多家公司或部门的信息系统发展过程的调查研究,信息系统的发展是分阶段的。这些阶段为:(1)初始阶段;(2)推广阶段;(3)控制阶段;(4)集成阶段;(5)数据管理阶段;(6)成熟阶段。从应用的信息技术看,信息系统的发展则可区分为 3 个时期:20 世纪 60 年代至 70 年代,为大型机集中式数据处理时期;80 年代至 90 年代初,为个人计算机或微处理器时期;90 年代中期至今,为以客户机/服务器和互联网、浏览器为特征的网络时期。每个时期应用的信息技术在同新的组织形式相结合的情况下,就能加速生产力的发展。

第二节　信息系统的成本与效益

把信息系统作为项目来建设和维护,或者作为商品来生产和销售,都有成本和效益的问题。

信息系统的成本若按系统的"生命"历程划分,有开发成本和运行维护成本两类。开发成本包括分析设计费用(系统调研、需求分析、系统设计等费用)、实施费用(编程和测试、硬件购买和安装、系统软件配置、数据收集、人员培训、系统切换等费用)。上述开发成本的各项费用也可作新的组合而分为硬件成本、软件成本和其他成本3个部分。运行维护成本则包括运行费用(人员、材料、折旧、技术资料等费用)、管理费用(审计、系统服务,行政管理等费用)、维护费用(纠错性、适应性、完善性维护等费用)。若按成本的经济用途划分,信息系统的成本则有硬件购置费、软件开发或购置费、基建费用、通信费用、人工费用、水和电的开支、消耗材料费、培训费、管理费、其他费用10类。在信息系统的成本结构中,软件开发和维护所占比重呈大幅上升趋势。这有两个原因:一是硬件更新换代快,其性能价格比提高也快;二是软件供给滞后而需求增长迅速导致其成本上扬。

对信息系统的成本进行科学测算,为系统项目的论证和实施、投标和报价、审核和管理所需要。测算方法有以历史数据为基础的模型估算法,有"自底向上"或"自顶向下"分别测算系统各部分成本后进行加总的任务分解法,还有依靠相关专家对成本进行估算和打分的专家判定法。不同方法各有优缺点,往往需要综合运用并相互验证。

从信息系统建设(生产)或使用中获得的收入(收益),与其垫支的成本相比,得到的差额或比值,就是信息系统的效益,它可能是正的也可能是负的。该效益的大小反映了系统建设商或使用单位管理水平的高低。除这种直接的经济效益外,信息系统还会产生间接的社会效益,即对其他单位有好的或坏的影响。

由于信息系统本身是一种特殊的信息产品或信息商品,其效益既有与物质商品的效益相同的共性,还有一些明显的特点。这主要表现在:信息系统的效益受组织内其他因素(管理水平、人员素质等)的影响较大,且较难从整个组织的效益中分离开来,具有不确定性和强相关性;信息系统的效益要随着系统建设的推进,并经过一段时间以后才能体现出来,有些效益(如提高组织的反应能力、创新能力等)还不易用货币收入来衡量,具有递进性和无形性。

信息系统的效益大小、好坏,受系统的设计、建设、运行、维护、完善等各个环节中多种因素的影响。这些因素包括目标不明和计划不周、投资非市场驱动而由卖方的技术驱动、项目过大和建设时间过长、维护更新等后续工作跟不上、与业务流程脱节、适合本组织特殊需要的应用软件开发困难、运行过程中因传统的工作方式和组织文化而产生的阻力和抵制、人员培训工作滞后、辅助系统配合有问题等。

为提高信息系统的效益需注意以下几点:(1)更新观念。信息系统不是用来替代人工的重复性劳动,而是为了建立独特的战略优势。组织的高层领导对此应有清醒的认识。(2)跨职能部门重组。有效的业务流程重组是信息系统取得成功的基础。不是用信息系统去固化原有的组织结构和业务流程,而要通过信息系统的建立去推动原有的组织系统、工作程式和企业文化的改革。(3)自始至终坚持用户的参与。要发现用户的真实的、隐藏的需求,引发用户的兴趣,以提高他们建设和使用信息系统的积极性和主动性,加强对用户的培训,以提高他们的学习效果,站在用户的角度,以他们的评价标准来改进信息系统。(4)分解和缩小项目范围,以加快收益时间的到来。在信息系统建设中,把大项目先分解为独立的小项目再逐步整合成完整的系统,这可缓解项目建设周期长与技术换代周期短的矛盾,有利于及早受益和减少风险。

第三节　信息系统的评价及其方法

对信息系统进行评价有两种类型:效益评价和综合评价。

效益评价是一种经济评价,从经济和财务方面比较信息系统的成本与收益,以考核其效益。综合评价还要从技术和社会等方面作较全面的考核。

效益评价按信息系统所处阶段和评价时间,分为事前评价、事中评价、事后评价。事前评价是预评估,考察信息系统开发方案在经济、技术和管理上的可行性,重点分析系统建设是否合算。事中评价有两个含义:一为正常情况下,期中的阶段评价;另一为实施过程中,发现重大的计划外因素引起系统变化后,需决定项目是否终止或继续的重新评估。事后评价是信息系统建成和运行后,是否达到了预期目标和要求的全面验收和鉴定。

信息系统效益评价方法一般有专家评价法和经济模型法两类。专家评价法包括按评分标准由专家打分后进行综合的评分法、与同类信息系统过去的现在的有关指标进行比较的类比法、由专家同时采用评分和类比的方法,来确定信息系统对该组织总效益贡献度的相关系数法。经济模型法则包括测算信息系统对生产增长贡献度的生产函数法,对比信息系统建设、运行中主要费用与主要效益的费用效益分析法,以及投入产出分析、价值工程等其他模型法。

不管采用什么方法,对信息系统进行效益评价,应注意主客观评价相结合、定性和定量的评价相结合,同时,要处理好局部之间以及局部与全局的关系,多从整体考虑问题。

信息系统综合评价的必要性是由信息系统目标多重性决定的。进行综合评价,需建立一套能反映所评价的信息系统的总体目标和特征并有内在联系的指标体系,该体系不仅要有系统财务评价、成本和效益方面的各种指标,而且还要有技术水平、运行质量、用户需求满足程度方面的各种指标。指标体系的设计和应用除遵守整体性原则外,还应注意指标的层次性、动态性、可测性、可比性。

第四章 信息搜寻与选择原理

第一节 信息搜寻原理

这一原理最早是由斯蒂格勒在 1962 年提出的。它的实践基础在于市场购物者为以最低价格买得同样质地的商品而打听价格的行为。但该原理对于为了优化(或最经济的)决策而搜寻所需信息的行为,都有普遍适用的意义。

一、价格离散及其原因与测度

对市场价格信息的搜寻行为,是由同质商品的市场销售价格高低悬殊的离散性情况所决定的。在计划经济条件下往往一物一价,而在市场经济条件下一物多价才是常态。因此,购物者为了以较低价格买到较好的货物,需要"价比三家"和"货比三家"。

(一)产生价格离散的原因

1. 市场是分散的、不断扩大的,具有地方性和全球性。同样的商品在不同地区或同一地区的不同市场,甚至同一市场的不同商店,其价格并不一致。市场规模随着参与者数量和贸易额的增加而扩大,地区市场与世界市场相并存。在这样的市场中,价格离散是必然的现象。

2. 价格随供求情况而波动,但其波动时间与波动幅度在不同市场或商店会有差别,讨价还价的程度也因不同的买卖双方而异。

3. 不同销售者的经营条件并不相同,定价政策可能各异。

4. 同样功能的商品其质量有差异,也会导致不同的价格。

上述原因中第一个原因是主要的,其他三个原因都受市场的分散程度和规模大小的影响。市场越大越分散,价格离散程度就越高。反之亦然。在价格很离散的情况下,搜寻价格信息有可能成为有利可图的行为。价格离散导致市场信息不完备,促使市场参与者产生信息差别,并刺激信息搜寻行为的出现。

(二)对价格离散测度的两个指标

1. 价格离散幅度。这是某种同质商品在各家商店销售的价格中最高价与最低价的差额,反映价格离散悬殊程度,但不能反映价格离散的分布状态。

2. 价格离散率。这是某种同质商品在一定时点上或一定时期内,不同售价序列(纵坐标)与其对应的商店数目(横坐标),在平面图上显示的离散点联结而成的价格离散曲线的斜率。

其计算公式如下:

$$a = \frac{n\sum zy - \sum z\sum y}{n\sum z^2 - (\sum z)^2}$$

式中,a 为价格离散率,n 为售价不同的商店数,z 为不同售价的商店数的累计和,y 为不同的售价。

价格离散率反映了不同售价在全部商店中的概率分布,而这正是影响价格离散的主要因素,还有售价不同的商店数、价格离散幅度这两个因素在价格离散率的公式中也得到了反映。

价格离散率的大小,能证明市场参与者对市场的了解程度或市场发育的成熟程度。据斯蒂格勒的研究表明,一个发育比较成熟的市场,其价格离散率约为 5%—10%。

二、信息搜寻的方式与成本

常见的搜寻方式有:(1)直接走访。如到商店、市场,作实地调查、了解行情。(2)通信查询。如打电话、发传真,用信件或电子邮件进行询问。(3)通过广告发送或接收信号以交流信息。(4)向其他购买者打听相关情况,据以作为是否购买的参考。(5)参加集市、贸易展销会等定期举办的商务活动,捕捉信息。(6)上网搜索,特别是点击专业贸易商店或信息中介组织的网站,寻找有关信息。

信息搜寻方式多种多样。不管用何种方式去搜寻,都得花一定的成本,其成本还随着搜寻次数的增加而递增。斯蒂格勒认为,搜寻成本包括时间和"鞋底"即交通费用等支出。但搜寻会带来预期收益或减少风险损失,因此,需对成本与收益进行比较,权衡得失,把搜寻控制在适度的范围内。信息搜寻者在搜寻行为中既要考虑搜寻成本,特别是搜寻的边际成本,又要考虑因价格离散程度不同所造成的搜寻的边际收益,以及他在市场信息不对称情况下所处的地位,来决定他的搜寻密度和搜寻次数。

三、搜寻差异与最佳搜寻次数的确定

在市场中供求双方都有信息搜寻的问题。例如,商品市场的卖主与买主,劳动市场的雇主与雇员,以及其他市场的供给方与需求方,他们在交易活动中,通过各种搜寻方式相互搜寻信息。搜寻信息是为了在信息不对称的情况下避免吃亏、谋求利益。当搜寻活动的预期边际收益等于边际成本时,他们就会停止搜寻。但是由于他们识别潜在对象难易程度不同存在一定的搜寻差异。根据经验判断,买方识别卖方往往要比卖方识别买方容易些,因为商店在"明处",而顾客在"暗处"。同理,雇员识别雇主往往要比雇主识别雇员容易些。搜寻的难易程度决定了供求两方搜寻成本高低不一致。显然,顾客找商店要比商店招揽顾客的成本低得多,雇员向雇主找工作也要比雇主招聘雇员的成本低得多,如此等等。

众所周知,购买大量高价商品而不作任何搜寻是不经济的,购买个别低价商品而对价格信息进行搜寻也是不经济的。这是靠常识就能解决的问题。在复杂的巨额采购活动中,出于经济的考虑,无论是搜寻方式或采购方式的选择,都有讲究,而且搜寻次数的确定,也要依靠科学计算。搜寻次数少了,达不到预期的边际收益;搜寻次数多了,又会增加边际成本。最佳搜寻次数,应是搜寻的边际成本等于搜寻的预期边际收益的次数。若用横坐标 ON 反映搜寻次数,纵坐标 OS 反映搜寻收益或搜寻成本,可在两个坐标构成的平面图上绘出搜寻成本曲线 CC′ 与搜寻收益曲线 DD′,以及它们相交后产生的最佳搜寻次数的临界线 nn′。见图 4-1：

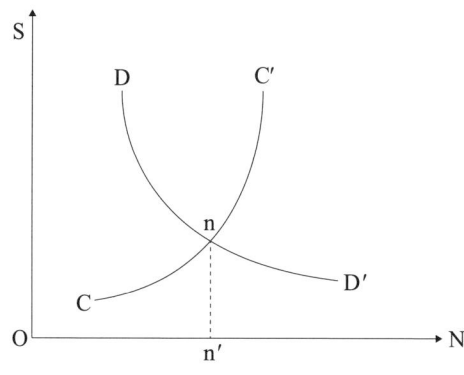

图 4-1　最佳搜寻次数确定图

由图 4-1 可见,当 N≤n′时,所有的信息搜寻都是经济的,可称为"经济搜寻";而当 N>n′时,所有信息搜寻就不经济了,称之为"非经济搜寻"。

第二节　信息系统选择原理

这个原理最早是由马尔萨克于20世纪60年代研究统计决策理论时提出来的。他所说的信息系统不是广义信息资源的组织形式,如企业管理信息系统等,而是指累积信息内容的集合,如书本、情报、朋友、老师、医生、专家等,它们或他们对个人或组织行为的决策,有参考价值和改变最终结果的作用。这种信息系统提供的信息会使事件概率的后验分布与先验分布有差别,可减少决策过程中环境状态的不确定性,从而降低决策的风险水平。

决策系统的核心是决策规则,该规则是某种决策行动的规定性集合。不同的决策规则会产生不同的决策结果。决策行动的优劣由其效用函数大小来衡量。信息系统通过它提供的信息和由此而产生的事件,使某一决策行动的先验的条件概率得以修正变成后验概率,从而导致决策的效用函数增大。这样的信息系统为任何决策所必需。

问题在于类似的信息系统不止一个,而有多个,怎样从中选取最优信息系统,使决策的效用函数最大化? 一般说来,包含信息量最多的、价值最高的、模糊性最小的信息系统,未必就是最优信息系统。衡量一个信息系统对决策行动的作用大小,要考察两个因素:一是它能带来的收益;另一是为取得它所需的成本。所以,最优信息系统不是总收益最大的信息系统,而应是净收益(总收益减成本的差额)最大的信息系统。

我们可举一个选择信息系统最简单的例子。设有两个信息系统 I 和 I′,它们包含的信息量与体现的价值并不相同,当信息 i∈I、信息 i′∈I′时,某决策主体从 I 和 I′取得 i 和 i′的成本却是相等的,由 i 产生的事件 m 和 i′产生的事件 m′,使该决策主体在既定的决策规则 r 下,决

策行动的先验概率 $P(p)$,和 $P(p')$ 不一致,而导致该决策行动的效用函数 $U/r<u'/r$。因此,对该决策主体来说,$I'>I$,即 I' 优于另一个信息系统 I,I' 就被确定为最优信息系统。

在信息系统的选择中,应注意当某一信息系统被选定后,使用该系统信息的时间越长,更换新的信息系统的机会成本就越高,一般不宜轻易更换。同时,还应注意,为决策需要寻找信息系统,利用社会分工的发展,到市场上去选择低成本、高效益、符合本身需要的信息系统,往往比自行开发一个新的信息系统更经济实惠。

第五章　信息产业及其发展

第一节　信息产业的出现与界定

信息产业是一个新兴的产业部门。它包括的范围很广,一般指从事信息技术产品的制造、信息系统的建设、信息内容产品的生产和信息服务提供的产业部门。这是一个庞大的产业群,但其中主要的产业为计算机硬件制造产业、软件产业、电信产业、信息服务产业等。

一、信息产业出现的原因

这有两个方面的原因。从供给方面看,信息产业的出现是信息技术和信息资源产业化的结果。信息技术产业化系指信息的感测技术、触摸技术、存储技术、显示技术、传输技术、加工处理(包括硬件和软件)技术、应用施效技术、网络技术、智能化技术等研发成果,通过商品化、市场化、企业化的转化途径,形成相应的信息技术产业。信息资源产业化则指数据、资料、情报、报告、论文、视听节目、游戏娱乐节目等信息成果或知识成果,通过商品化、市场化、企业化的转化途径,形成相应的信息内容产业。以上两个方面的信息产业化是不断扩展信息产业的强大驱动力。

从需求方面看,信息产业的出现是社会进步、经济发展、人民生活水平和质量不断提高,对信息及其技术引发大量的、多样化和个性化的需求激增的结果。这种社会需求导致信息及其技术的生产专业化、规模化,从而成为拉动信息产业增长的动力源。

二、信息产业的一般性与特殊性

信息产业与其他产业相比,具有产业的一般性:它也是介于微观经济细胞(企业与家庭)和宏观经济总体(国民经济)之间、具有同一属性即信息属性的产业经济活动的集合。但是,信息产业作为战略产业、基础产业、支柱产业、工业时代的先导产业和新兴产业、信息时代的主导产业和成熟产业,它确有与其他产业不同的特殊性。不同学者往往从不同角度、不同层次来认识和把握信息产业的特殊性。例如,1964年,日本学者梅棹忠夫在《论信息产业》一文中认为,产业结构变动类似于动物的进化过程,与信息流动、知识创造相联系的信息产业,在农业、工业发展到一定水平后会迅速发展起来,而成为社会的感觉器官、神经系统和大脑以推动社会前进;20世纪90年代中期,美国一些学者认为,信息产业是一种"液态混合体",它兼有制造业和服务业,有可能发展成为"第四产业";不少国内外学者还认为,信息产业犹如因特网是"网络的网络"那样,乃是"产业的产业",即为其他产业服务的产业,它本身是个庞大的产业群因而有其产业内部循环,并且还同所有其他产业紧密联系形成产业的外部循环;更多的学者则从信息产业的高技术性、创新性、风险性、外部性(即有外部效应)、产业联系中感应度和影响力大等具体特点来加以说明。以上各种特殊性,说到底,是信息技术(IT)的那种"水银泻地、无孔不入"的强渗透性,和信息资源(IR)的那种为物质、能量资源所没有的高认知性,以及IT和IR相结合(其他高技术产业不可能有这种结合)而产生的特殊知识优势的共同反映。正是信息产业的特殊性,决定了信息产业在当今世界成为现代化程度、综合国力、国际竞争力、经济增长能力的一个重要标志。

三、信息产业的界定

信息产业有传统信息产业与现代信息产业之分。传统信息产业如图书馆业、档案馆业、博物馆业、情报业、新闻业、广播电视业、出版业、咨询业等等,它们已有久远的历史,在我国常被称为文化事业或文化产业。现代信息产业出现于20世纪60年代,是与信息通信技术(ICT)、网络技术、数字化技术、智能化技术的发展与应用分不开的。它包括计算机产品和零部件、通信设备和器具、半导体、软件(系统软件、工具软件和应用软件)、电信服务、数据库、信息服务(包括接入服务ISP、应用服务ASP、内容提供服务ICP、集成服务、咨询服务)等产业。它是由各个部分独立、分散、不平衡地发展而后逐渐集成、整合起来的。传统信息产业没有制造业,只有服务业,它随着数字化信息技术应用的深化,正向现代信息产业靠拢,同其中的现代信息服务业相互结合,并有进一步融合的趋势。因此,传统信息产业在信息化进程中与现代信息产业的界限日益模糊化。

一般讲信息产业,常指现代信息产业。它被认为主要是信息技术产品和装备业、信息内容提供和服务业的总和。至于其他的电信业、软件业、信息系统建设业等具体部门都可以分解而并入到这两个部分。但对信息产业的分类,有各种不同的观点。例如,认为信息产业应限于信息本身的采集、加工、存储、传输、应用等各个环节的信息服务业,不宜把信息技术产业这一主要部分包括在内。这种观点忽视了信息技术及其产业化对整个现代信息产业发展的决定性影响,以及信息技术与信息服务之间内在的不可分割的联系。

在我国信息产业发展过程中,电信产业与电子信息产业实行了整合。电信产业是以电信设备制造和电信增值服务为主要内容的现代信息产业。它是在传统的邮政、电报、电话等行业的基础上,发展起来的但又有新变化的通信业。它已不再单纯从事信息传递的业务,而在信息传递中还会有信息增值的内容。其他变化还表现在:从通信内容看,由话音通信为主逐步转向数据通信为主;从通信技术看,由模拟技术转为数字技术;从通信方式看,由固定通信为主迅速转向移动通信为主;从通信线路看,由铜缆通信转为光纤通信;从通信基础设施看,正往宽带、高速、大容量、多媒体、智能化的信息传输网络发展。电信产业与计算机产业一样,是信息产业的主要组成部分。随着电信网络与计算机网络的融合,这两大产业的关系日趋密切,并出现一体化趋势。我国的电子信息产业是生产电子产品的,电子产品分投资类、消费类、元器件类3种。它们占电子产品总值的比重的变动趋势,是投资类逐步上升,消费类逐步下降,元器件类保持稳定。随着国民经济和社会信息化的推进,我国电子信息产业正在从单一的制造业向硬件制造、软件生产与应用、信息服务诸业并举的现代信息产业方向发展。

信息产业的基础和核心部分是集成电路产业和软件产业。这两者好比是整个信息产业的心脏和大脑。所以,我国政府对发展这两个产业制订和执行了特殊的优惠的政策。

第二节　信息产业在国民经济中的地位和作用

一、信息产业的地位

信息产业是资金密集、技术密集、知识密集的产业,它能影响国民经济发展的全局、反映产业升级的方向,被称为经济增长的"发动机""助推器""倍增剂""黏合胶"。

我国信息产业从无到有,从小变大,从弱转强,到20世纪90年代末,就已发展成为国民经济的第一支柱产业。这表现在:(1)增长速度最快。

1990年至1999年,年均增长32.1%,远高于工业年均增速的14.2%;(2)销售总额最大。1999年达到5573亿元,超过纺织、化工、冶金、电力等传统工业;(3)盈利状况最好。1999年实现利润307.5亿元,占全部工业利润的13.4%,是第一利润大户;(4)出口总值最高。1999年达389.78亿美元,占全国出口总值的比重为20.6%,是第一大出口行业;(5)对经济贡献最多。1999年,对工业增长的贡献率达到20%,2000年,对经济增长的贡献率达到11.83%,远远超过其他产业的贡献率。

信息产业在我国同在全世界一样已成了"龙头"产业。它的增加值占国民生产总值的比重一直在提高。2000年为3.84%,2001年升到4.2%,预计到2005年将超过7%。

二、信息产业的作用

1.有利于加快经济发展和转变经济增长方式(从粗放型向集约型的转变)。

2.有利于推动、促进传统产业改造升级(如使"夕阳"产业"朝阳"化)和调整、优化经济结构(包括产业结构、地区结构、城乡结构)的合理化。

3.有利于实现可持续发展(通过节能、减耗、提高资源利用率、减轻和治理环境污染、保护和美化自然生态等)。

4.有利于基本实现工业化、大力推进信息化、加快建设现代化。

5.有利于完成中华民族复兴的伟大历史使命。

第三节 信息产业发展的趋势与规律

从世界范围看,信息产业发展已有40多年的历史,而在我国还只有10多年的历史。从信息革命深入人类生活的影响看,信息产业发展会横跨20—21世纪,而21世纪上半叶将是它的主要发展期。

一、信息产业的发展趋势

无论在中国还是全世界,进入20世纪后,由于关键信息技术发展方向有新的变化,如集成电路技术细微化、计算机技术多媒体化和智能化、软件技术网络化、通信技术数字化、显示技术高精端化,以及网络技术向多业务、高性能、大容量的方向发展,还由于信息技术产品市场的规模扩大、结构提升和分布变动等因素的影响,信息产业的发展正呈现出下述趋势:(1)产品生产大规模化、超大规模化,而产品需求多样化、个性化;(2)产业技术数字化、网络化,技术成果产业化,技术政策和产业政策融合化;(3)企业集团化、跨国公司化和小型化并存;(4)产业界限模糊化,现代行业向传统行业渗透,并相互融合,现代行业之间也彼此融合,共享资源,交叉经营,一体化发展;(5)竞争领域集中化,集中在集成电路、软件、新型元器件的竞争和核心技术、关键技术在创新方面的竞争;(6)产业分工全球化、梯级化,无论是采购、生产,还是经营,都在全球范围内进行,研究开发不仅在国内的企业、政府、研究开发机构间协同进行,而且还在全球范围协同进行,产业转移和扩散呈梯级式发展,发达国家居于产业链的高端,新兴工业化国家和地区处在中端,而广大发展中国家多数在低端从事加工和组装,还有一部分则被边缘化了;(7)对信息产业的领导日趋高层化,许多国家纷纷建立由国家最高领导层主持的官、产、学结合的领导体制。上述趋势对中国既是挑战又是机遇,可以利用劳动力比较优势和对外资吸引力,趁世界信息产业著名跨国公司先后关注和进驻中国之机,不断提高在信息产业价值链的国际分工中的地位。

二、信息产业的发展模式

信息产业在各国的发展形成了若干模式。所谓信息产业发展模式,是指各国适应外部环境变化和内部结构特点,有效地利用现有资源,使信息产业走上快速、健康、持续发展道路的类型或方式。它需反映不同国家发展信息产业的一定特色。对它可从资源配置方式、产品市场定位、企业规模结构、企业融资方式、产业发展资金来源、推动产业发展因素、产业发展介入方式、产业制造中是否拥有自我品牌(如无自我品牌式制造的 OEM 或无自我品牌式设计的 ODM,有自我品牌的 OBM)等标志进行考察和分类。

一般认为世界上信息产业发展模式主要有:(1)美国模式。其特点是全面发展,整体推进,自由竞争与垄断相结合,实施超大企业战略,有发达的资本市场、完善的技术研发体系、完善的政府支撑体系和政府采购制度,有效的创新激励机制,注重吸引各国人才。(2)日本模式。其特点是注重发挥政府作用,由政府全盘统筹、协调发展,注重应用性技术的引进和研发,注重培育有明显特色的产品市场,注重建设富有特色的科技体制。(3)韩国模式。其特点是政府强劲介入,实施大企业战略,注重培育和推出自有品牌。(4)印度模式。其特点是以软件为突破口,找准产品发展切入点,以出口为主导,立足国际市场,政府强力支持,重视发挥人才优势,重视加强国际合作,进行联合开发。除以上四国的信息产业发展模式外,比较成功的还有爱尔兰、以色列等国家和中国台湾地区的信息产业发展模式。

国外和境外的信息产业发展模式,对我国选择和优化有自己特色的信息产业发展模式,虽有一定的启示意义和借鉴作用,但重要的还在于立足本国信息产业发展实践,不断总结整个产业和具体行业发展的成功经验,并从失败中吸取教训。信息产业发展模式的形成,是与一定的时间、地点和条件相联系的,它并非固定不变的。

三、信息产业的发展规律

(一)收益递增机制及其形成原因

在传统产业发展中占主导地位的是收益递减机制,而在信息产业发展中占主导地位的是收益递增机制。这种转变的产生有四个原因:一是因为信息产业发展所依赖的主要资源是信息资源,它与传统产业依赖的物质、能量资源因其有限性和稀缺性,而随着开发程度加深导致收益递减的情况不同,会因使用无排他性和消耗过程伴随着生产过程而导致收益递增。二是因为信息产业采用的技术,同传统产业所采用技术的进步和创新相对稳定、缓慢不一样,它发展迅速、生命周期短、创新频繁,因而会产生学习效应,使其能力伴随着生产发展而提高。三是因为信息产业的市场容量,同传统产业市场容量容易达到饱和而使供过于求有所不同,由于信息产品有引发新需求的特点、用户间有网络合作效应、对顾客有锁定作用和扩散作用等原因,不易饱和,使需求也有规模经济。四是因为信息产业的成本结构,与传统产业不同,固定成本很高而复制成本很低,因此市场份额的扩大就意味着盈利的增加。

(二)多种经济性效应机制

传统产业有规模性经济效应,信息产业也有规模性经济效应,而且比传统产业更显著,特别是信息产业还有与规模经济相结合的其他各种经济性效应。例如:

(1)范围经济。即通过产品品种或种类的增加来降低单位成本的经济性效应。这是一种"多产品经济"。它源于从生产中借鉴促进、流通中分摊费用、技术上互补获益等途径而获得的合成效应;外部市场不完善时,可降低交易成本的内部市场;因有关联的多角化经营而减少经营风险;通过产品储备,以逐个出击而有扩大的发展空间。

(2)差异经济。即通过产品或服务差异性的增加,来降低成本或增加利润的经济性效应。信息内容提供和服务业往往具有天然的差异经济。这种经济效应源于通过技术整合、市场整合,以及竞争合作等途径,而实现的兼并收购、重组联合。

(3)成长经济。即通过扩展企业内外部成长空间来获取利润的经济性效应。信息企业往往拥有较多的无形资源,充分开发这类未被利用的经营资源的潜力,企业就可获得经济性。中小型信息企业之所以能迅速高成长,就靠这种成长经济。

(4)时效经济。即通过抢先利用机遇,扩大市场份额,来赢得竞争优势的经济性效应。信息产业的进入壁垒较高,发展机遇多,比传统产业更能利用时效经济。

(三)空间集聚效应机制

信息产业成群地集聚在有利的地理区位内,可利用外部资源来优化自身的资源配置。通过空间集聚可以获得外部的规模经济和范围经济,并且有利于推动技术创新、制度创新。在产业集聚的地区内,所有企业共用基础设施,同享优惠政策,集中各种专门人才,提高专业化协作水平,彼此增强信任、促进竞争和合作。这种空间集聚特别有利于中小企业发展。

(四)经营性垄断机制

信息产业具有新的特殊激励机制,它鞭策企业不断用创新来追求一定时期的经营垄断,而这种垄断不同于行政性垄断,是有利于消费者的,只有靠新的技术创新才能从根本上加以摧毁,以取得另一种经营垄断地位。这就会刺激企业萌发新思想,把它转化为新技术和新产品,去占领市场、扩大销售额,借以建立和拥有公认的行业标准,通过路径依赖,锁定广大用户群,使自己赢得竞争优势,暂时处于胜者通吃的垄断地位,以牟取巨大超额利润。

四、发展信息产业的措施

根据信息产业的发展趋势,遵循信息产业的发展规律,不管采用什么样的信息产业发展模式,在信息产业发展过程中还应积极采取"十抓"的具体措施。这"十抓"是:(1)抓应用,促发展;(2)抓研发,上档次;(3)抓创新,有"灵魂";(4)抓协调,易整合;(5)抓标准,求统一;(6)抓法规,好治理;(7)抓组织,夯基础;(8)抓融资,保循环;(9)抓外贸,通全球;(10)抓人才,是关键。

第六章 信息市场与信息贸易

第一节 信息市场的含义与特性

信息市场是信息商品进行交换的场所。说到场所，它可大可小，大的国际市场，小的信息商店；也可实可虚，实为物理上存在的市场，虚为网络上开辟的市场。除上述狭义的理解外，按广义的理解，信息市场还是信息商品交换关系的总和。在信息商品交换中，不仅有买卖双方，还有中介方和监管方。

交换的信息商品，同样有狭义与广义的不同理解。狭义的信息商品指信息内容的提供和服务，广义的信息商品还包括信息技术产品和设备。

因此，把信息商品狭义和广义的两种理解同市场的两种定义结合起来，就使信息市场的定义有了四种组合：狭义信息商品的交换场所、狭义信息商品的交换关系总和，广义信息商品的交换场所、广义信息商品的交换关系总和。一般说，我国国内商界和学界的认识，分别偏重于第一种和第二种的组合，而国外商界和学界的认识则分别偏重于第三种和第四种的组合。

信息市场的特性不能不受交换的信息商品的特性所影响。狭义的信息商品与物质商品不同，具有以下特性：一是无形的，看不见、摸不着，其供给、流通、需求有时是同步进行的；二是有时效性，时间因素对其效用的影响较大;三是可多次买卖、重复使用;四是其交换价格与供求状况、销售时间、垄断能力有密切关系。就狭义信息商品而言,供不应求是常态,不易出现供过于求的现象,价格对供求变化的弹性小。这就是说,即使价格很高,供给也不一定能增加,需求并不一定会减少。反之,即使价格很低,需求也不一定会增加,而供给不一定会没有。在销售中,用户认识狭义信息商品有个过程,不同时间的售价很不一样,差异较大。由于单纯信息商品存在唯一性和创新性,其内容被替代的程度低,其产权受法律保护程度高,它的供给具有差异性,可选择的范围较小。狭义的信息市场与其他市场相比,其供求相对稳定,竞争相对分散。

信息市场既是满足消费需求的产品市场,又是满足生产需求的要素市场。它在统一的市场体系中,占据着特殊的重要地位。一方面,它是独立的、有形的市场,为其他市场服务可提高其他市场的效率;另一方面,它是寓于其他市场之中的无形的市场,成为其他市场的要素。信息市场基于其他市场而又高于其他市场,有时难以与其他市场分清。这对非实物化、风险性和投机性大的市场,如股票市场、期货市场等,尤为明显。《中共中央关于建立社会主义市场经济体制若干问题的决定》(1993年11月11日)把信息市场与金融市场、劳动力市场、房地产市场、技术市场相并列,要求加以培育和发展。技术市场实质上是一种技术信息市场,就很难与信息市场分割开来。

第二节　信息市场的功能与模式

信息市场除具有市场的一般功能,即在资源配置中发挥基础作用外,还有它的特殊功能。首先,是媒介功能。这就是连接产销、沟通供需,发挥中介枢纽、牵线搭桥的作用。其次,是增值功能。这就是通过增值服务在价值链上添加新的价值因子,而且在信息商品使用中,创造的价值还可能大于其本身的价值。人们常说:"一条信息可以救活一个企业"。

信息市场的模式或类型比较多样化,主要有:(1)实物展示型。这是会议展览活动中的信息市场。(2)咨询服务型。这是最常见的重要模式。(3)专业性信息服务型。这是提供各行各业信息的集散地。(4)综合性信息服务型。这是以提供与专业信息相对应的另一种综合信息市场。(5)会员制组织型。这是把顾客作为会员加以吸纳而组织起来的紧密型信息市场。(6)固定场所型。这是有具体交易场所和经营机构的信息市场。(7)虚拟型。这是在因特网上建立的各种信息交易站点。

第三节　我国信息市场的发展与存在问题

我国的信息市场出现于20世纪80年代。它的兴起有三次高潮:1984—1985年为第一次;1988—1989年为第二次;1992年以后特别是1995年电子商务崛起以来为第三次。但是,我国的信息市场总体说来,还处于初级阶段。其现状可概括为:"初步兴起,尚不发达,潜力很大,前景广阔"。"初步兴起"说明信息市场从无到有,历史不长,但发展迅速,形式多样。"尚不发达"说明信息市场内信息商品种类少、质量差,初级形式的商品多,交易行为不规范,发展还不平衡。"潜力很大"说明对信息商品的需求在增大,而信息商品的供给也在不断改善。"前景广阔"表现在,从我国加入世界贸易组织后随着信息服务贸易的发展,国外的信息服务企业纷纷看好我国信息市场。目前,国内信息市场正在逐步同世界信息市场接轨中。

世界信息市场的购销营业额,已从1999年的几百亿美元增加到

2000年的上万亿美元。与世界信息市场相比,国内信息市场素质差,管理水平低。存在的主要问题有:(1)自发性大于自觉性;(2)地区性多于全国性;(3)综合性少于专业性;(4)规范性不够,政策指导不强;(5)外部环境较差,内部管理较乱。

由于信息商品不同于物质商品,较难有严格确定的、可用于检验的质量标准,通常,只按用户的满意度来衡量,同时,定价或收费方式繁多,往往要由交易双方进行协议来商定,特别是知识产权不易确认和保护,有时虽受侵犯却无惩罚,加之,中介服务易敲竹杠或被甩掉,缺乏合理的规定或必要的保障。这一切表明要使信息市场健康发展,就须加强规范和管理。

对信息市场的管理包括市场准入条件的核定、市场竞争环境的建立、市场交易秩序的维护、市场调控措施的实施、市场监管活动的坚持等内容。信息市场要管而不死、活而不乱。把信息市场管好、管活,有利于繁荣其他市场和发展整个经济。

第四节　国际信息贸易及其对提高国家竞争力的作用

以上讲的主要是国内信息市场,在经济与贸易全球化的环境下,它必然会延伸到国际信息市场。在国际信息市场方面,应重点讨论的乃是国际信息贸易问题。

一、国际信息贸易的意义与政策

在国际贸易中,与商品贸易、服务贸易相并列的还有信息贸易。国际信息贸易可理解为除信息服务贸易外,还包括计算机、通信设备等信息技术商品的贸易,也可理解为只包括数据库、网络信息、软件、音像制品、专利许可证、技术诀窍、文艺作品、咨询服务、专家服务等在内的信息服务贸易。一般以后一种狭义的理解为主。

与一般服务贸易不同,信息服务贸易关系到参与国竞争力提高问题,且对各国经济竞争力的影响有日益增强的趋势。因此,在贸易自由化过程中,信息服务贸易不可能成为纯粹的自由贸易,也不能永远是保护贸易,而有管理的信息服务自由贸易是必然的历史选择。

国际信息服务贸易的历史可追溯到 20 世纪初的跨国许可证贸易,但计算机软件形式的知识性跨国贸易(不包括技术贸易),到 50 年代才稍具规模,独立于服务贸易的信息贸易的真正发展,则是从 70 年代开始的。1978 年,美国的国际信息贸易总值已占国民生产总值的 1.29%。美国在国际信息贸易中,长期来保持着顺差地位。在国际贸易中,信息贸易发展速度快,市场规模大,是经济竞争的新焦点。它有以下发展趋势:(1)以有形的硬件贸易为主,转向以无形的服务贸易为主;(2)由发达国家间水平式信息贸易为主,转向发达国家与发展中国家间垂直式信息贸易为主;(3)在信息资源禀赋上信息富国与信息穷国之间差距的扩大化;(4)居于信息优势的国家在政治、经济、外交方面得到的好处日益增多。

各国为促进信息贸易都有自己的信息贸易政策。信息贸易政策与信息产业政策有密切联系,因为它也是为发展本国的信息产业服务的。逐步降低信息技术产品进口关税,逐步开放国内信息服务市场,鼓励信息产业领域的外国直接投资,是改进信息贸易政策的主要要求。由于信息贸易比商品贸易和服务贸易,面临更多的法律和贸易壁垒问题,对发展中国家来说,采取相应措施,如借助于征收一定数额的关税、控制交易途径、进行机密限制、设置技术标准、打击文化污染等关税与非关税壁垒,独立自主地推行信息贸易政策,是十分必要的。我国已加入世界贸易组织,需依据国情,参考国际信息贸易"游戏规则",制订正确的信息贸易政策,为发展信息贸易服务。

二、国际信息贸易的基本方式和对世界经济的影响

国际信息贸易以信息服务贸易为例,其基本方式有:(1)信息服务的提供者与消费者都不移动,如借助于因特网的远程信息服务交易,以及同时异地或异时异地在区位上分离的情况下,进行的计算机软件贸易之类借助于物质载体的信息服务贸易。(2)信息服务的消费者移动,而提供者不移动,如派人出国培训、留学等,这要求交易双方在地理上是接近的。(3)信息服务的消费者不移动,而提供者移动,如跨国公司在国外设立分支机构或子公司,在当地直接进行信息贸易,这就伴随着信息这种生产要素的跨国界流动。(4)信息服务的提供者与消费者都移动,如发生在第三国或地区买卖数据服务、音像制品等的信息交易,这要求交易双方在地理上是接近的,但交易的进行除同地同时外,也可以同地异时、异地同时或异地异时。交易时间的异同与买卖的信息服务是有形的还是无形的有关,交易地点的异同则与信息服务的买卖是在第三国或地区的不同城市或同一城市有关。

国际信息贸易对世界经济有明显的影响,诸如:(1)确立新的国际贸易结构;(2)增强各国间经济的相互依赖性;(3)促进世界经济往区域化、集团化发展;(4)加速各国间生产要素的流动;(5)导致世界经济更具竞争性和易变性。

三、国际信息贸易有利于提高竞争力

国际信息贸易对企业和国家的竞争力的影响,是通过以下各项因素来实现的:

1. 信息技术

为开展信息贸易,国家和企业需加强信息基础设施建设,研发和采

用各种信息技术,这有利于降低成本和增加产品差异性,以提高竞争力。

2. 信息资源

信息贸易的发展是以信息资源的开发和利用为基础的,同时又能通过跨国互补,进一步丰富信息资源,达到降低信息成本与其他成本的目的。

3. 信息管理

信息贸易的增长过程,同时又是信息管理的实施和提高过程,也是跨国信息流的组织和协调过程。这有助于企业和国家促进管理效率的提高。

4. 信息服务

国际信息贸易极大地提高了信息服务的开放度,一布面使企业和国家可以利用国外优质廉价的信息服务;另一方面由于外商进入促进国内信息服务市场的竞争,也会导致信息服务的价格下降和质量提高。此外,还能为外向型企业更好地"走出去"服务。

一个国家的竞争力是由诸多因素决定的,这些因素包括基础设施、科学技术、市场状况、人力资源、国内经济、金融服务、管理水平、政府绩效、国际化程度等等。就国家经济竞争力的提高过程而言,一般要经历4个阶段:(1)生产因素主导阶段;(2)投资因素主导阶段;(3)创新能力主导阶段;(4)实力积累主导阶段。这些阶段是循序推进的,先行阶段是为后续阶段打基础的,而后续阶段是先行阶段的进一步发展。国际信息贸易对上述每个阶段竞争力的提高都有帮助,但其帮助程度则随着阶段的推进而加强。

第七章 信息经济及其测度

第一节 信息经济的含义与特点

信息经济是继农业经济、工业经济之后发展起来的一种以信息技术为基础、信息资源为特征的新经济。它的兴起和发展是20世纪40年代开始、70年代加速、90年代高涨的信息革命的产物。由于信息革命有数字化、网络化两大趋势,信息经济有时就被称为数字经济或网络经济。前一种叫法是为突出信息技术二进制的数字特征;后一种叫法是要强调信息及其技术的网络特征与网络效应。与工农业生产的物质、能量变换型经济不同,信息经济以信息、知识的转换为主要特征,兼具物质生产与精神生产的性质。

美国学者波拉特在经济学家马克卢普、社会学家贝尔(D. Bell)的启发和影响下,于1977年,在其博士论文《美国信息经济分析》的基础上,完成了9卷本研究报告《信息经济》,把信息业列作继农业、工业、服务业之后的第四产业,把信息部门分为向市场提供产品和服务的企业所组成的"第一信息部门"、政府和非信息企业的内部提供信息服务的活动所组成的"第二信息部门",并对1967年美国的信息经济的规模与结构作了详尽的统计分析。这不仅引起美国商务部的重视,而且于1981年被经济合作与发展组织(OECD)所采纳,用来测算其成员国的信息经济的发展程度。嗣后,信息经济一词就在全世界广泛流传开来了。

信息经济有狭义与广义之分。现分述如下：

一、信息部门经济及其特点

这是狭义的信息经济，即信息产业经济。它同工业部门的经济相比，主要特点有"五性"：(1)综合性。一是制造业与服务业相混合的经济，如软件开始时依附于硬件属于制造业，随着发展独立于以至支配着硬件，并从定制转向租用而采取劳务活动形式，最终归属于服务业；二是物质产品与精神产品相融合的经济，前者因智能化而增大了信息和知识的含量，后者因其物质载体的功能和作用强化而加重了对物质的依附性，信息产品以物质产品为主逐步转向以精神产品为主；三是物质文明与精神文明相结合的经济，消费中非物质消费比重提高，经济活动中文化性增强，信息产业中文化产业大发展，与物质文明相统一的精神文明的作用随着信息部门经济的增长而扩大。(2)集约性。信息部门物耗和能耗低、效率和效益高，提高经济效益和社会效益的途径多，其发展依赖于科技进步和劳动者素质的提高，虽需高投入但有高回报，且其增长主要依赖于投入要素产出率的提高。(3)高技术性。信息部门是高技术产业的主要部门。它的产品更新换代快，且其高技术含量大，研究与开发费用占销售总额的比重，要比工业部门的平均水平2.5%高出26倍，技术人员的数量也要比工业部门的一般水平多23倍。(4)高增值性。信息产品的性能价格比，因技术进步和竞争驱动几乎每两年增加1倍以上，信息企业赢利的水平和增速，比传统的工业企业高出好几倍，信息部门的劳动生产率也比工业部门高10倍以上，信息资源因不断传输与加工而增值，增值服务是信息经济发展过程的一项延伸价值链的重要活动。(5)可持续性。信息部门因信息资源的再生性或自生性，以及它能部分替代物质、能量资源和无污染、少污染的特性,不会造成资源枯竭、环境污染、生态破坏,相反通过信息的自由交流和更大范围的共享,来提高人们获取和处理信息的能力,以改造传统技术,改进传统管理,提升产业和经济的结构和功能,达到有利于可持续发展的目的。

二、信息社会经济及其特点

这是广义的信息经济,即信息社会的一种经济形态。考虑到生物技术产业等其他高技术产业的作用,特别是侧重于知识对经济发展的作用时,又称知识经济。从宏观经济角度着重其与传统经济发展的阶段或形态上的差异时,还可一般地称为新经济。这种广义信息经济同工业社会的经济相比较,有"五型"和"五化"等主要特点。"五型"是:(1)知识型。在经济发展中主要不靠体力而靠智力,智能工具与人力工具、动力工具相比处于主导地位,智能产品比比皆是;智力劳动者占劳动者总数的比重高于以往时期,信息、知识、智力的拥有程度成了财富再定义和权力再分配的决定因素。(2)创新型。创新成了经济增长的引擎,技术创新、制度创新、管理创新、观念创新等相互结合,使经济发展更具活力。(3)整合型。通过整合实现突破,如电脑、电信、电视的整合,多种要素或资源、多个部门或组织的整合,使经济在综合集成中取得一体化发展。(4)互联型。用开放和互联取代封闭和孤立,通过网络在经济发展中强化双向、多向的互动关系,信息的交流与共享水平、经济的联系与合作程度空前提高。(5)紧迫型。经济活动的节奏加快、频率提高、连续性和实时性加强,在竞争中由"大吃小"而变为"快胜慢",快速反应、灵活决策成了能否成功的关键,新技术和新产品一旦问世,就需考虑它的过时而被取代的可能,分秒必争、只争朝夕变成经济发展的现实需要。

"五化"是:(1)全球化。经济活动受距离的约束弱化,全球统一的大市场已形成,商品、资金、技术、劳力、信息的流动突破国界,跨国公司扮演日益重要的角色,多国的区域性和世界性经济组织不断兴起,全球范围的企业购并与经济合作变得容易了。(2)数字化。信息转化为数字而以光速传输,产品与技术正以不同速度从模拟式向数字式转化,数字电话、数字相机、数字电视、数字图书馆、数字城市、数字国家、数字地球等日趋普及,数字化生存深入人心。(3)虚拟化。一方面世界变小而成了"地球村",另一方面世界变大而在物理世界之外多了个"虚拟世界",经济活动在物理空间进行的同时,还可在虚拟空间或网络空间进行,出现虚拟企业、网络银行、电子政府、电子商务,以及远距离的多主体的虚拟合作等新事物,虚拟经济是现实经济的延伸、补充和发展,两者相辅而行、相得益彰。(4)分子化。经济活动的单元趋向微型化,且可相互联结,易于面向服务对象和特定需要进行组合,使经济具有分子结构能通过重组而富柔性,各分子组织在被授权的条件下发挥主动性和首创性,以增强整个经济活力和灵活度。(5)中空化。管理层次减少,最高决策层能同基层执行单位直接联系,中间组织作用弱化甚至消失,使管理效率提高和经济活动的交易成本降低,生产者与消费者之间联系加强、合作紧密,以至他们的界限趋向模糊。

三、信息经济及其多种称谓之间的关系

广义信息经济有多义并存的称谓,如数字经济、网络经济、知识经济、新经济等等。这种情况的出现有多方面原因。但主要是由于认识社会经济形态的角度不同。如数字经济的称谓,是从信息经济的技术基础即现代信息通信技术(ICT)二进制数字特征的角度,来认识信息经济的;网络经济的称谓,是从信息经济的标志性特征——信息,和技术性基础——信息技术,都具有网络特征和网络效应的角度,来认识信息经济的;知识经济的称谓,是从信息经济发展中信息与知识起重要作

用的角度,来认识信息经济的;至于新经济的称谓,则是从信息经济具有种种有别于传统经济的新特点的角度,来认识信息经济的。这一称谓最早是由美国的媒体提出来——而后为学术界所接受的。但传统经济如工业经济也是从"新经济"变过来的;因为它相对于农业经济而言曾被视为"新经济",而信息经济这种新经济在将来同样是要变成"传统经济"的。

经济合作与发展组织在20世纪80年代初,曾要求成员国测算信息经济的发展程度,在90年代后期,又提出知识经济的概念,探索测算其成员国知识经济发展程度的方法。这从一个角度说明,知识经济还是信息经济发展过程中一个较高的阶段,正如知识管理是在信息管理基础上发展起来的,一个较高的管理阶段一样。

我们把知识经济与信息经济作一番比较,两者的基本点是完全相同的。首先,从根本上讲,两者都是以信息和知识的生产、传播、利用为基础的;其次,从源泉上讲,两者都产生于信息技术的不断发展和广泛应用;再次,从方向上讲,两者都通过信息与知识资源的开发利用,以推进社会和经济的发展为方向。

确实,知识经济与信息经济相比,还存在一些不同点。这表现在:(1)从科技背景看,信息经济赖以发展的主要是信息科学技术,而知识经济赖以发展的可以说是整个科学技术。尽管现阶段信息技术是高科技的代表,生物科技等其他高科技的发展都离不开信息技术,但整个科技包括的范围毕竟比单一的信息科技广得多。(2)从知识内容看,信息经济依据的有数据、信息、知识,这三者是依次为基础的,即数据是信息的基础,信息又是知识的基础,但知识经济所依据的除显性的编码型知识即信息之外,还强调经验、技巧等隐性的意会型知识的重要作用。(3)从产业构成看,信息经济中的产业固然也是知识密集型产业,而且早在1962年美国马克卢普教授就把通信媒介业、信息处理设备业、信息处理服务业等信息产业称为"知识产业",但知识经济更突出研究与开发(R&D)产业、教育与培训(E&T)产业等知识密集度更高的产业。

第二节　信息经济的测度及其方法

信息经济规模的大小是反映一国经济发达与否的重要标志。信息经济是整个经济中的一个部分,当它发展到占据优势地位后,又会变成社会经济发展的一个阶段。对信息经济的规模进行测算,就可以了解信息经济发展的程度,便于在不同国家之间进行比较研究,有助于掌握信息经济的进展和发展趋势。一般认为,信息经济占国民经济的比重,发达国家为45%—65%,新兴工业化国家与地区为30%—45%,发展中国家在30%以下。

对信息经济的测度产生于20世纪60年代,发展于70年代,应用于80年代。进入90年代以后,测度信息经济的热潮逐渐让位于信息化指数的计算和测定。

历史上著名的信息经济测度理论和方法有以下两种:

一、马克卢普的测度理论和方法

马克卢普是最早研究知识产业的经济学家。从他著的《美国的知识生产和分配》一书可看出,他研究知识产业的思路:研究产业组织→剖析垄断与竞争的不完备性→寻求抑制竞争的制度因素(如专利制度)→分析专利竞争及其与研究开发投入的关系→发现教育问题→进一步发现与教育相关的生产和分配知识的其他活动→整合知识的生产与分配→确定知识产业研究框架。

马克卢普的研究开始于20世纪40年代末,1962年完成并出版《美国的知识生产和分配》,全书共10章,1966年译成俄文,1967年出了第 3 版,1968 年译成日文,1980 年,扩展前书为《知识:它的生产、分配和经济意义》(8 卷本),其中第一卷书名为《知识与知识生产》,至 1983 年全书才出齐,但作者已逝世。

马克卢普把知识产业分成 5 大类:(1)研究与开发产业。(2)教育产业。这包括家庭教育、学校教育、职业培训、教会或军队教育、电视教育、自我教育、实践教育等所有层次的一切教育形式。(3)通信及中介媒体产业。这包括邮电通信、图书、杂志、广播、娱乐、艺术创作等。(4)信息设备或设施产业。这包括计算机、电子数据处理、电信设备、办公设备等。(5)信息机构或组织。这包括档案馆、信息中心、政府统计部门等信息服务产业。

马克卢普测度信息经济规模所用的方法,是最终需求法,也叫最终产品法或支出法。该法依据的基本公式为:

国民生产总值(GNP)= 消费支出(C)+政府支出(G)+投资(I)+(出口 X−进口 M)

马克卢普以 1956 年和 1958 年为基准年,他测算的结果:(1)1958 年,美国的知识生产总值为 1364.36 亿美元,约占 GNP 的 29%。其中,教育的生产总值占知识生产总值的 44.1%,占 GNP 的 12.6%。知识产业对 GNP 的贡献,按大小排序,教育为先,其后有通信媒介、信息服务、研究开发、信息设备。知识产业的收入来源,分别来自消费者、企业、政府部门的比例,依次为 41.3%、30.9%、27.8%。(2)1958 年,美国知识职业占全部职业的比重为 31.6%,如果包括已到工作年龄的全日制学生则为 42.8%;1954—1958 年间,美国知识职业的收入每年平均增长率:信息设备业最高为 22.16%,其次为教育(18.95%)、研究开发(18.38%)、信息服务(7.96%)、通信媒介(6.33%)。

马克卢普的研究得出的结论是:20 世纪 50 年代末美国的知识产业部门以比工业和农业部门快得多的速度在发展,将成为经济发展的主要力量。

二、波拉特的测度理论和方法

波拉特1977年完成的研究报告《信息经济》的第一卷为《信息经济:定义与测度》,以全社会的信息活动为范围,不再限于知识产业而扩大为信息经济,其研究思路是这样的:首先,明确信息(经过组织可传递的数据)、信息活动(与信息商品或服务的生产、分配所消耗资源有关的经济活动)、信息资本(对信息设施和设备的投资)、信息劳动者(以提供或生产信息为专业的职业劳动者)、信息职业(主要收入来源于从事信息劳动的职业)等一系列概念,为量化分析建立基础。其次,按信息市场的供求关系分析信息经济结构。再次,把信息产业视为一、二、三产业以外的第四产业,并按其是否参加市场周转而区分为第一信息部门和第二信息部门(即准信息部门)。最后,确立可量化和操作的信息经济测算体系。

波拉特在测度中采用的是增值法,又叫收入法,即把所有企业的销售额或营业收入,扣掉从其他企业购买生产资料的支出额后的余额,加总形成新增价值的一种计算方法。波拉特的成功之处,在于他运用了投入产出表及其详尽的数据。他按国民生产中净增值、劳动者人数这两个重要指标,同时来测定信息经济的规模与比重。

根据波拉特的计算,1967年,美国信息经济的增加值占国内生产总值的比重为46.2%,其中,第一信息部门占25.1%,第二信息部门占21.1%。同年,美国信息劳动者人数占就业总人数的比重则为45%。信息劳动者收入占就业者总收入的比重则为53.52%。信息部门就业人员的收入比非信息部门就业人员的收入平均高38%。

波拉特测度信息经济的方法,经过经济合作与发展组织的推荐,为不少国家采用过,并得出相应的结果。如日本1970年信息经济占国内生产总值的比重为35%,其中第一信息部门、第二信息部门的比重,各为18.8%和16.2%。中国1982年的信息经济比重仅为15%,其中第一信息部门、第二信息部门的比重,各为9%和6%。若按信息劳动者占全体就业人数的比重计算,日本在1970年为29%,而中国在1982年仅为8.8%。到1987年,中国信息经济的比重已超过25%,但仍低于发展中国家的一般标准30%。

三、两种测度理论和方法的比较

波拉特的理论和方法是在马克卢普研究的基础上发展出来的,两者的基本结论是一致的,即农业和工业发展到一定程度时,信息业或知识业就会成为经济发展的主要力量,无论从产出还是从劳动力投入这两方面来测度都是如此。但两种理论和方法的区别也是明显的。第一,信息经济的概念不同。按马克卢普的认识,这是生产知识的个人和组织,而按波拉特的认识,则是信息市场和非信息市场的信息活动。第二,测度方法不同。马克卢普用的是最终需求法,这有重复计算,而波拉特用的是增值法,避免了重复计算。第三,数据来源不同。马克卢普不依靠国民收入账户,靠自己去调查,而波拉特利用国民收入账户体系和投入产出矩阵。

以上两种理论和方法都有时代局限性,需要从近30多年来信息经济发展的实践出发,创立新的测度理论和方法。

第八章 经济信息化与电子商务

第一节 信息化的由来与发展

一、信息化概念的出现

信息化这个概念是同信息产业、信息社会等概念相伴而生的。美国社会学家丹尼尔·贝尔,于1959年夏季在奥地利举行的学术讨论会上和1962年春天在波士顿召开的研讨会的论文中,先后使用了"后工业社会"一词。1963年1月,日本学者梅棹忠夫在日本各界围绕未来社会展开的热烈讨论中,发表了《论信息产业》一文。1964年1月,另一位日本学者上岛教授在《信息社会的社会学》一文中,认为日本正在进入"信息产业社会"。从1964年11月到1966年7月,差不多持续2年时间内,日本的《朝日放送》杂志讨论了信息社会(日文音译为Joho Shakai)及其特征问题。1967年,美国艺术和科学学院于1965年和1966年先后两次举办的《奔向2000:前进中的工作》研讨会文集译成日文出版,使贝尔的"后工业社会"思想传入日本。1967年初,日本一个科学、技术与经济研究小组参照工业化一词提出了信息化(日文音译为Johoka)即英文为Informatization的概念。该小组认为,信息社会是信息产业高度发达且在产业结构中占据优势的社会,而信息化是由工业社会向信息社会前进的动态过程,它反映了从有形的可触摸的物质产品起主导作用的社会,到无形的难以触摸的信息产品起主导作用的社会的演化或转型。

在信息化概念的国际传播中,法国西蒙·诺拉(Simon Nora)和阿兰·孟克(Alain Minc),于1978年1月出版的畅销书《社会的信息化》(商务印书馆1985年版),起了重要作用。该书是受当时法国总统德斯坦的委托,以研究报告的形式撰写的,丹尼尔·贝尔还为其写了英译本前言。诺拉在书中探讨了计算机与远程通信紧密结合而产生的远程数据处理(telematics)对社会发展的巨大影响,指出信息化是人类社会必然的发展趋势,建议法国政府用国家政策来促进信息化,并应有必要手段来预见网络的未来和控制网络。

中国学术界首次讨论信息化问题,是在1986年12月。当时,国家科委的中国科技促进发展研究中心等14个单位在北京联合发起召开了"首届中国信息化问题学术讨论会",就信息化的战略与政策、道路与模式,以及信息化与社会发展、信息化测度等问题,进行了广泛的讨论,并编辑出版了论文集《信息化——历史的使命》(电子工业出版社1987年版)一书。该书认为信息化是"描述国民经济中信息部门不断壮大的过程","国民经济和社会结构框架重心从物理性空间向信息知识性空间转移的过程"。

信息化概念在我国开始流行,比它在国外出现的时间,整整晚了20年。这个历史事实也是我国信息化理论与实践滞后于发达国家的反映和缘由。

二、对信息化的不同理解与区分

人们往往从不同的角度或层次来认识信息化,因而产生了不同的理解:

1. 认为信息化是信息技术在基础设施、生产、业务、管理等各方面的推广与应用过程。这种认识把信息化理解为计算机和通讯化,以及两者结合所产生的网络化。

2.认为信息化是信息资源的开发与利用过程。这种认识把信息化理解为信息内容的增值化或业务活动的知识化。

3.认为信息化是信息产业的成长与发展过程。这种认识把信息化理解为产业结构和经济结构的高级化,即产品的信息含量、成本中信息费用比重、投资中信息投资比重、消费中信息消费比重、产业中信息产业比重、经济中信息经济比重不断提高。

4.认为信息化是信息活动(包括信息的采集、加工、传输、利用等)的规模相对扩大及其在社会发展中的作用相对增大过程。这种认识把信息化理解为社会的高级化,即社会进步越来越依赖于信息相对于物质和能源的重要性。

上述几种理解分别从技术、信息或知识、产业或经济、社会的层次来认识信息化,各有其适用的场合。在有些场合,还需要同时采用不止一种的理解,才有助于较全面地认识问题。但每种理解,都考虑到信息化是个过程,是动态的而非静态的,有其起点和终点。例如,从不用信息技术到运用信息技术、从不重视信息资源到重视信息资源,以及从工业经济到信息经济、从工业社会到信息社会的转变等。

信息化一般按其对象进行区分。信息化概念出现时所指的对象是社会,因此,首先提到的是社会信息化。经济是社会的基础,为向信息社会演变,需推进经济信息化。经济由产业所组成,要提高信息产业在整个产业中的比重,信息产业化与产业信息化应互动发展。由于信息技术向各行各业渗透,各行各业又都依赖于信息资源,所以一、二、三产业均有信息化问题。产业信息化建立在企业及其管理信息化的基础上,而企业信息化最终表现为产品或服务的信息化。与经济信息化相配合,还有财税、金融、贸易信息化的任务。金融、贸易的信息化也是第三产业即服务业信息化的内容。科研、教育、体育、医疗卫生的信息化部分地属于服务业信息化的范围,但总的说与经济、财税、金融、贸易的信息化相并列,是社会信息化的重要内容。公用事业或社会服务的信息化,以及基础设施的信息化,包括信息基础设施建设,同样十分重要。社会经济活动是在一定物理空间内进行的,因而还有区域信息化问题,其中城市信息化、农村信息化更需加以关注。从社会经济行为的主体看,与企业信息化三足鼎立的,还有政府信息化、家庭信息化。家庭信息化同城市、农村的信息化一样,都与社区信息化相联系。至于企业信息化,既是经济信息化的基础,又是社会信息化的基础,有特殊的重要性。最后,国防或军事信息化也是社会信息化的重要内容。

上面是就一国范围内的社会信息化而说的,从世界范围的信息化而言,全球信息化不仅包括各个国家的信息化,还包括各区域、集团的跨国间信息化,以及国际组织与机构的信息化。全球信息基础设施、数字地球等计划或设想,都是为解决全球信息化而提出的。

三、信息化的发展

第二次世界大战以后,在20世纪的后半个世纪,从50年代中期开始,已出现了五次信息化浪潮,差不多每隔10年就有一次,而且一次高过一次。60年代中期提出的"信息化"概念,实际上是在第一次信息化实践(其标志为1956年美国社会的白领员工第一次超过了蓝领员工)的基础上,对后续信息化浪潮的导向所作的展望。70年代的微处理器和个人计算机革命标志着第三次信息化浪潮。我国在70年代中期提出过电子革命的问题。80年代中期和90年代中期,又先后经历了两次世界性信息化高潮。这最近的一次由于因特网及其商业性应用的迅猛强劲发展,信息化规模之大和影响之深远达到了空前的地步。

美国是率先通过政府行为来推动信息化的国家。在90年代的世界信息化高潮中,1993年9月,美国政府部署了国家信息基础设施(NII)行动计划,提出要建立完善的信息高速公路,并启动了因特网的商业性应用。1994年9月,美国又发表全球信息基础设施(GII)倡议,引起发达国家和发展中国家的共同关注。先是1995年2月,发达国家七国集团部长级会议在布鲁塞尔召开,后是1996年5月,"信息社会与发展大会"部长级会议在南非召开,分别讨论发达国家进入信息社会、发展中国家面向信息社会的问题。1996年6月10日,美国政府宣布要在5年内动用5亿美元联邦资金实施下一代因特网(NGI),以"保持美国科技优势"和"促进美国经济增长"。1997年7月,美国政府在提出"全球电子商务框架"的基础上,宣布对互联网采取自由放任政策,把因特网视为全球自由贸易区,并促成世界贸易组织在庆祝多边贸易体制50周年时发表《全球电子商务联合宣言》。1998年1月,美国还提出数字地球战略,即用数字化手段来处理整个地球的自然现象和社会活动的诸多方面问题及其信息,以支持人类活动和改善生活质量。由于数字地球有全球层、区域层、国家层之分,因此,又出现了数字国家、数字城市等新概念。美国商务部1998年4月公布了研究报告《浮现中的数字经济》,1999年上半年和2000年6月,又连续发表了《浮现中的数字经济Ⅱ》和《2000年数字经济》。

继美国之后,欧盟各国、日本以及韩国等一些国家也纷纷跟进,着力抓数字技术、互联网络、电子商务和信息产业等,在全球信息化进程中抢占有利地位。例如,1994年秋,法国政府要求到2000年前把信息高速网络覆盖到500万个法国家庭;英国政府制订了以信息技术的研究与开发为内容的"杰菲特"计划;整个欧盟则制订和实施电子化欧洲计划、"欧洲信息社会行动计划"等;日本提出"建立发达的信息通信社会"的基本方针,包括民间主导、政府支持、国际协作三项原则和普及电子商务、实现电子政府、提高国民信息能力、建设和完善信息基础设施四个目标;韩国在1999年3月,确定了至2002年的国家信息化综合计划——"网络韩国21世纪",准备大力发展网络经济,把韩国变成世界十大信息强国之一。

2000年7月,在日本冲绳举行的八国集团首脑会议,通过了《全球信息社会冲绳宪章》,进一步表明信息社会问题已成为国际社会中发达国家政府首脑和部长们议事日程上讨论的工作问题了。

我国由于党和政府的高度重视,经过"七五"期间起步,"八五"期间大发展,"九五"期间步入互联网新阶段,"十五"期间还有了信息化发展专项规划。1996年,党的十四届五中全会明确要求"加快国民经济信息化进程",把信息化作为战略任务提了出来。1997年,党的十五大再次强调要"推进国民经济信息化"。八届全国人大四次会议批准的"九五"计划和2010年远景目标纲要规定,到2010年要"使国民经济信息化的程度显著提高"。2000年10月,党的十五届五中全会进一步指出:"大力推进国民经济和社会信息化,是覆盖现代化建设全局的战略举措";信息化是实现产业升级和工业化、现代化的"关键环节";要把信息化放在"优先位置";要抓住信息化这个很重要的历史性"机遇";要"以信息化带动工业化,发挥后发优势,实现社会生产力跨越式发展"。2002年11月,党的十六大报告在肯定"实现工业化仍然是我国现代化进程中艰巨的历史性任务"的同时,继续强调"信息化是我国加快实现工业化和现代化的必然选择",要"优先发展信息产业,在经济和社会领域广泛应用信息技术",并提出:"坚持以信息化带动工业化,以工业化促进信息化","走新型工业化道路"。

从实际工作看,自1993年3月开始,国务院先后部署了金桥(国家公用经济信息通信网)、金关(对外经济贸易信息系统)、金卡(银行卡)、金税(增值税专用发票计算机稽核系统)等一系列重大信息化工程。为加强对信息化的领导,1994年2月、1996年1月,先后成立了国家经济信息化联席会议、国务院信息化工作领导小组。1998年3月,国务院机构改革时又组建了信息产业部,在该部设立了信息化推进司。2001年8月,重新组建了由党和国家高层领导人士参加的国家信息化领导小组,并在其下设国务院信息化工作办公室。

分部门看,电力、石油、铁道、水利、气象、金融、保险、民航、税务、统计等行业的信息化进展较为显著。分地区看,上海、广东、北京、天津、江苏、陕西、海南等省市以及深圳、宁波、厦门、大连、西安、广州、杭州等一批中心城市和省会城市的信息化建设取得了较大成绩。像宝钢、大庆油田、海尔集团、上海石化、康佳集团等一些大型企业在业务和管理信息化方面也积累了较丰富的经验。

尽管与发达国家相比,我国信息化整体水平还较落后,至少落后10多年,但是我国信息化程度的提高速度还是很快的,特别自1996年以来,信息化指数逐年增速远高于经济增长速度,至少要高几个以至十几个百分点。

第二节　信息化与工业化的关系

一、工业化是信息化的基础

从产业结构变迁看,工业化是农业主导型经济向工业主导型经济的演进过程,信息化则是工业主导型经济向包括服务业在内的信息业主导型经济的演进过程。服务业比制造业更依赖于信息与信息技术。信息化是在工业化的基础上发展起来的。从世界范围看,工业化是在18世纪60年代从英国开始的,其标志是机器制造业的出现和机械化生产的普及,而信息化是在20世纪50年代从美国开始的,其标志是电子计算机与电信相结合的信息网络的普及同信息产业的发展。

作为信息化基础的工业化,其发展从以下几个方面为信息化的兴起创造了条件:

(一)提供物质基础

搞信息化需要大兴信息基础设施建设(包括高速宽带信息、网络、移动通信网络等建设),发展信息技术装备,实施重大的应用信息工程(如电子商务工程、基础国情信息工程等),生产集成电路、软件、计算机、通信设备和电子产品等,这一切都不能没有钢铁、机械、汽车、仪器仪表、建筑、电力等传统工业的支撑作后盾,也不能没有农业、消费品工业,以及商业、交通运输等其他传统产业,为从事信息化事业的人员供应生活用品和消费服务。

(二)扩大市场容量

信息化是以信息技术广泛应用为主导、信息资源开发利用为核心、信息产业成长壮大为支撑的。尽管信息产业兼有制造业与服务业以及两者的融合,是个庞大的产业群体,可为信息技术、信息资源、信息产品和信息服务提供一个产业内部市场,形成信息经济的内循环。但它不能没有更大的外部循环,必须向工业化所造就的强大传统产业,包括农业、采掘业、建筑业、其他非信息的制造业和服务业,去寻找产业外部市场,以扩大自己的应用领域、营销范围和市场容量。信息产业是为其他产业服务的产业。工业化为信息产业营造了服务对象。

(三)积聚建设资金

进行信息化建设,需要投入大量资金。搞信息基础设施要投资,建信息工程项目要投资,办信息产业和企业也要投资。信息产业既是技术密集和知识密集型产业,又是资金密集型产业。尽管信息化是有社会效益和经济效益的,但在取得效益前垫支资金是必不可少的,而且这种资金有无回报还具有一定风险性。工业化的发展为信息化积累了资金,传统产业给新兴的信息产业以资金支持,特别是通过工业化形成的资本市场及其金融创新,替信息化所需资金开拓了多种投融资渠道。

（四）输送专业人才

信息化以人才为依托。信息化所需的人才,既有与工业化需求共通之点,如一定的知识水平,又有与工业化需求不同之处,如更富灵活性和创造性。这样的人才要通过教育系统进行培养和在实践中造就,也要依靠原有工业部门和其他产业部门的输送。这后一条途径往往比较现实,且易见成效。在信息化过程中,各国对人才的争夺空前激烈,发达国家经常以各种方式招引发展中国家的人才,尤其是软件业方面的人才。信息化不仅需要各种专业人才,而且还需要大量一般的从业人员。如果说,在工业化过程中劳动者从农业部门向工业部门转移,是司空见惯的事情,那么在信息化过程中,信息部门需要的劳动者和大批专业人才,主要来自工业部门,也是毋庸争议的事实。

二、信息化是工业化的发展

从发达国家生产力发展的循序看,先有工业化,后有信息化。信息化是工业化的延伸和发展。工业化培育了信息化,信息化发展了工业化。

信息化对工业化的发展,主要是通过以下途径来实现的:

（一）用信息技术改造和提升传统产业,特别是传统的制造业

传统的纺织业、服装业、食品加工业、煤炭采掘业、钢铁冶炼业、石油化工业、机器制造业、汽车工业、航空工业等等,在研究开发、设计、生产、管理、营销的各个环节和全过程,采用信息技术、信息系统、信息网络,以改造技术、重组流程、整合资源,使这些传统产业焕发青春、面貌翻新,"夕阳产业朝阳化"。工业化把制造业变成国民经济的主导产业,而信息化则进一步使制造业现代化、智能化。

（二）发展信息产业，包括信息技术产业和信息服务产业

这是一个新兴的战略产业，它的出现和发展，不但改变了工业化过程中形成的产业结构，使产业结构高级化，而且还通过对其他产业服务，提高它们的信息化程度，从速度型、粗放型的发展，转向效益型、集约型的发展。

（三）提高工业的整体素质和国际竞争力

信息化把工业发展推进到一种崭新的环境下，即依靠信息通信技术来开发利用信息资源，促进信息交流和共享，使工业界得以普遍提高获取、传递、处理和应用信息，尤其是外部信息（包括全球信息）的能力，在竞争中更多和更好地发挥知识这一重要因素的作用。

（四）帮助工业企业降低成本、提高效率、减少污染、增加商机

这对广大中小企业来说，尤为明显。信息化有利于企业降低生产成本、管理成本、交易成本、信息成本，还有利于企业提高工作效率、经济效益、社会效益，这两方面的进展，已非工业化所取得的同类成就所可比拟。此外，信息化有利于经济发展同资源、环境、生态相协调，为"浓烟滚滚、机器隆隆"的工业化所不及，并使可持续发展成为可能，还比工业化更有利于促进科学、教育、文化、艺术的普及与繁荣，以实现人类本身的全面发展。

另外，信息化对工业化有 3 种作用：一是补充作用。信息经济越发展，越能弥补工业经济的不足，如高消耗、低效益、严重污染等。二是替代作用。信息经济越发展，越能用信息资源来替代更大一部分的物质资源和能量资源。三是协同作用。信息经济越发展，越能使工业经济的发展有新机会和新途径，促进自组织和演化过程。

三、以信息化带动工业化，实现生产力的跨越式发展

我国是一个发展中国家，与发达国家不同，信息化是在工业化尚未

完成的情况下开始的。我国的工业化起步于20世纪50年代,而信息化起步于70年代,相隔时间很短。到1970年,我国的工业增加值就已超过农业增加值,而非农业劳动力占全社会从业人员的比重,一直至1997年年底才达到50.1%。迄今为止,我国尚处于工业化发展中后期,即以重化工业为主的发展阶段。这说明"继续完成工业化是我国现代化进程中的艰巨的历史性任务"。

但与此同时,我国又于20世纪70年代,在生产和管理的个别环节应用计算机、在国民经济的局部领域建立信息系统的基础上,到了90年代后期,在全球信息化浪潮的推动和国内市场经济发展的拉动下,迈开了大规模信息化的步伐,并取得了令世人瞩目的进展。我国已建成接近于世界先进水平的骨干传输网,信息产业已成为第一大产业,以3倍于国民经济的速度发展,其增加值占国内生产总值的比重达到了4%。这也表明信息化在我国是与工业化同时并进的,可以同工业化结合起来,融为一体、相互促进。

党的十五届五中全会指出:"以信息化带动工业化,发挥后发优势,实现社会生产力的跨越式发展。"这告诉我们,中国不必走少数发达国家先工业化后信息化的老路,而应把工业化和信息化两步并作一步走,用信息化来指导工业化,既可提高工业化的质量,加快工业化的实现,又可抓住信息化的机遇,把社会主义现代化建设推向前进。

党的十六大报告指出,要"基本实现工业化,大力推进信息化,加快建设现代化"。这是相互联系的一个整体。实际上,工业化是第一次现代化,信息化是第二次现代化。工业化、信息化、现代化三者的关系是很清楚的。

以信息化带动工业化意味着:

1. 在观念上使工业化不以工业经济和工业社会为终点,而在此基础上继续往信息经济和信息社会前进。这就要用信息化的思路和方法来搞工业化,使信息化主导着新时期工业化的方向。

2.在技术上要求在运用工业制造技术的同时,在全社会广泛应用信息技术,提高计算机、电信和互联网的普及应用。信息技术由于具有极强的渗透性,可与工业技术相融合,提高原有工业技术的档次和功能。

3.在管理上要求改革和创新,实现办公自动化、贸易无纸化、信息网络化,以及管理信息化与业务信息化进行整合的一体化。信息化通过提升企业管理、政府管理和其他公共管理,达到带动工业化的目的。

4.在资源上加强信息资源的开发和利用,在生产、分配、交换、消费中发挥信息的作用、扩展知识的功能,使工业化扩大了可用资源的范围,并增加了知识化、智能化的特色。

跨越式发展乃是发展中国家的历史选择。发展中国家不同于发达国家,没有领先优势,却有后发优势。这种优势使跨越式发展有了可能。所谓跨越式发展有两个含义或两种方式:一是以较短的时间和较少的代价,实现与先进国家原来走过的发展历程相同的目标,比如多数发达国家实现工业化差不多用了200年的时间,还付出了环境污染的高昂代价,而一些发展中国家实现工业化只需要少得多的时间,且可尽量避免"先污染、后治理"所带来的不必要的代价;二是在发展过程中跳过先进国家曾经出现过而发展中国家不必再重复的一些阶段,比如在信息化建设中跳过主机阶段直接进到个人电脑阶段,跳过铜缆通信阶段直接进到光纤通信阶段,跳过封闭式专用网阶段直接进到开放式互联网阶段等等。这两种含义或方式互有联系,跳过若干发展阶段就意味着缩短发展历程,达到改变落后状态的目的。以信息化带动工业化能缩短、减少工业化和信息化两者所需的时间、成本,实现上述两种含义或方式的跨越式发展。

我国是个文明古国,曾有过辉煌的农业时代,但错过了工业化机遇,导致工业时代的来临拖迟了近200年的时间。新中国成立后特别是改革开放以来,我国才急起直追。为在 2050 年前后赶上世界中等发达国家水平,我国非进行跨越式发展不可。但像我国这样一个发展中大国,整个发展中基础性的关键环节是跨越不了的。例如,工业化过程中巩固的农业基础、信息化过程中发达的制造业基础,都是难以跨越的。即使人为地一时跨越了,到头来还会因拖累整个发展而不得不重新补课。不同领域的跨越,其难易程度也不一样。制度上和管理上的跨越发展,就比技术上的跨越发展难得多。因为现成的技术,拿过来一学就可用,在用中即使有阻力也会因其效益显著而被克服。但制度和管理则不然,想跨越就会遇到由于利益刚性、传统惯性等因素所产生的难以克服的特大阻力。因此,创造必要条件,为跨越式发展扫清道路,乃是客观需要。这些条件包括:制定正确的发展战略和方针政策,建立健全的体制和机制,培养优秀的人才,营造一种求实创新、奋发图强的氛围等等。以信息化带动工业化,实现跨越式发展,同样需要创造这样一些客观条件,而不能单凭主观愿望。

特别要注意的是,以信息化带动工业化,实现跨越式发展,不能局限于沿着发达国家经历过的发展轨迹,只以缩短现存的差距为目的,而应开创有自己特色和相对优势的发展道路,才不至于永远尾随他国之后,亦步亦趋,只缩小差距,却不能消灭差距,相反能尽快产生反向的差距,把他国甩到后边去。

第三节 经济信息化与企业信息化

一、经济信息化的含义与实现途径

经济信息化是工业经济向信息经济演进的动态过程。在这个过程中,必然伴随着信息技术的研制、信息资源的开发,以及信息技术、信息资源分别在经济领域的广泛应用和充分利用,伴随着信息产业的发展壮大、信息活动规模的扩大和作用的加强,最终导致信息产业的增加值、就业人数,分别在国民生产总值、社会就业总人数中从量和质上占据优势地位。经济信息化是通过信息产业化和产业信息化两个互有联系的途径来实现的。1995年,党的十四届五中全会首次明确提出:"加快国民经济信息化进程。"1997年,江泽民同志在中国共产党第十五次全国代表大会上的报告中,进一步要求改造和提高传统产业,发展新兴产业和高技术产业,"推进国民经济信息化"。"九五"计划和2010年远景目标纲要规定,到2010年,要"使国民经济信息化的程度显著提高"。进入21世纪后,我国的国民经济信息化正按"十五"时期的《国民经济和社会信息化专项规划》快速、健康地向前推进着。

信息产业化与产业信息化是相互对应的实现经济信息化的两个重要途径。为使工业经济演化为信息经济,在经济信息化的过程中,需要同时推进产业信息化和信息产业化。

信息产业化包括信息技术产业化和信息资源产业化。信息技术产业化,是相应的信息技术转化为相应的信息技术产业的过程。信息资源产业化,则是相应的信息成果转化为相应的信息内容产业的过程。以上两个方面的信息产业化是不断扩展信息产业的强大动力。政府应创造必要的市场环境和政策环境,促进自然科学和社会科学的研究成果,朝着能扩大有社会需求的信息产业的生产能力的方向顺利转化。

产业信息化是包括信息产业本身在内的一切产业推广和应用信息技术、开发和利用信息资源的过程。产业信息化具有改造和提升产业的功能,但它需从进行信息化的具体产业的固有特点出发,以取得相应的成效。例如,装备工业生产过程的信息化,采用计算机集成制造系统(CIMS),而冶炼工业生产过程的信息化,则应采用计算机集成流程系统(CIPS)。服务业(尤其是金融业)与制造业相比,对信息化的需求和依赖程度一般说更大。不同产业的信息化程度客观上是不可能一样的。产业信息化最终要由企业信息化、产品和服务信息化来保证和体现。

二、企业信息化的实质、问题与出路

企业信息化是经济信息化的基础。由于信息技术的发展与企业环境的变化,企业信息化已发生了根本性变化:从企业局部环节的信息化,到企业整体发展的信息化;从企业内部封闭式信息化,到网络环境下开放式信息化;从信息技术与信息资源的单独利用,到信息技术与信息资源的综合集成式利用。这种变化与发展,都是围绕着企业业务活动(主要是物质和能源的变换过程)和管理活动(主要是信息的变换过程)的效率和水平的提高这一中心,以最终增加企业经济效益和增强企业竞争能力为目的的。企业竞争能力的增强,在全球经济一体化的环境中,意味着企业经济效益的可持续增加。

从生产力发展的角度考察,企业信息化是要使传统企业向现代企业转化,不断提高企业的现代化程度,其实质是企业素质与企业业绩的优化。企业的业绩,从根本上说,决定于企业的素质,而企业素质的好坏,总是要通过企业的业绩表现出来的,这两者互有联系、互为表里。在工业时代,企业的素质表现在资本的多寡、劳动力的优劣、产品的成本高低与质量好坏等等;企业的业绩主要看利润的多少。到了信息时代,企业的素质更多地看信息和知识的运用程度、创新能力、无形资产的价值、供货速度、服务质量、用户满意程度等;企业的业绩除利润外,还要看市场的占有份额、对社会的贡献与积极影响等等。如果企业素质与企业业绩得不到提升,企业信息化就失去了意义。企业信息化就是要实现企业现代化。

我国企业信息化已有了 20 多年历史,起步于 20 世纪 70 年代中期,改革开放后80年代掀起了高潮,进入90年代以来又迈进了网络化新阶段。据了解,微机的应用在我国企业里已很普遍;从行业看,制造业的企业信息化起步早、成绩显著,金融业的信息化开始晚,但由于业务急需发展较快;从地区看,上海市、广东省的企业信息化较为领先;管理信息系统(MIS)在全国企业中的应用比较普遍;采用计算机辅助制造(CAM)、计算机辅助设计(CAD)的企业约有1万多家,推行计算机集成制造系统(CIMS)的企业约有三四百家,试用企业资源计划(ERP)的企业限于少数先进企业,上网的企业已达到全国企业总数的87%。

我国企业信息化的成效,除工业企业推广应用信息技术的投入产出比一般为1∶5比较明显外,大概有4种情况:一类企业成效突出;另一类企业成效较好;再一类企业成效较差;还有一类企业没有成效。从各类企业的数量分布看,两头小、中间大,呈橄榄型。这说明我国企业信息化还存在这样或那样的问题,这些问题主要产生于以下10个方面:(1)企业制度。不少国有企业缺乏内部增值动力和外部竞争压力,往往借信息化向国家要投资,未把信息化作为企业自身发展的需要。(2)管理基础。相当一部分企业技术落后、管理更落后,生产和管理过程尚未合理化、规范化,旧的管理模式可谓基础很差而新的管理模式一时难以建立,终因管理"不到位"而使信息化受阻甚至半途而废。(3)解决方案。多半由信息技术厂商提供,他们因对企业经常变动的需求"吃不透",对企业千差万别的情况"摸不清",所提供的方案往往同企业实际相脱节。(4)前期工作。准备不充分,基础数据的标准化工作薄弱,找不准影响企业发展的关键因素和瓶颈制约,给后续工作的实施造成困难。(5)组织协调。企业信息机构势单力薄,较难协调跨科室、跨车间的复杂关系,信息化工作"扯皮多"、进展慢,甚至会停顿下来。(6)资金分配。往往重项目建设轻维护更新、重设备购置轻信息资源开发,初始建设一次性投入有钱,后续的维护更新无钱,买机器等"硬件"有钱,需要信息等"软件"时无钱,导致已建立的信息系统运转不了,加上资金到位情况差,拉长了建设周期,严重时还出现项目建成之日即为系统夭折之时的现象。(7)服务体系。为企业提供信息和信息技术服务的社会化程度低,使企业搞信息化受制于自身力量,还常因选择信息技术服务供应商等合作伙伴不当,使提供的服务价高质低,损害信息化效果。(8)专业队伍。数量小、素质差,且不稳定,流失现象严重,有时导致企业信息化工作处于瘫痪状态。(9)员工认识。一般说有所提高,但由于利害关系和习惯势力,也有一部分员工在认识上不重视、行动上不配合、信息技能提不高,以致影响到企业的信息化成效。(10)领导态度。企业信息化过程中,主要领导特别是第一把手认识高、决心大、亲自出面主持并进行组织协调的企业日益增多,但仍有很多企业领导观念滞后,忙于"救火"应急;陷于日常事务,甚至认为搞信息化"远水解不了近渴"。以上10个方面的问题,并不为信息化成效不佳的企业所全有,而信息化效果较好的企业也会存在其中某些问题,程度轻重可能有所不同而已。

根据一些调查研究得出的结论,我国企业信息化的出路在于换环境、换路子、换脑筋。

(一)换环境,解决企业信息化的前提条件

企业信息化的外部环境包括信息基础设施、国家政策法规、信息标准规范、财税金融体系、信息产业发展程度、国内外市场动态等,内部环境包括企业制度因素、企业组织结构、企业管理水平、企业技术力量、企业人员素质等。这些内外部环境往好的方向改变,有利于企业信息化发展。但对企业信息化起决定作用的主要因素还在于企业内外环境结合的焦点,即促使企业真正成为市场主体的竞争环境。要让企业自主经营、自我发展,并自动投身到国内外市场激烈竞争中去。企业信息化通过竞争因素的改进和竞争方式的提升,会使企业提高竞争力或赢得竞争优势。反向思考一下,就会知道唯有把企业置于激烈竞争的市场环境中,才能促使企业为了求生存、谋发展真心实意地去搞企业信息化。在企业内外部环境中引入竞争机制、强化竞争因素,引导企业到全国和全球市场去竞争,到网上市场去竞争,这样改换他们生存和发展的环境,就能为鞭策或激励企业加快信息化创造重要前提。

(二)换路子,解决企业信息化的道路问题

企业信息化走自己的路,既要从国情出发,结合我国实际,又要从厂情(或店情)出发,结合企业实际。从国情看,实施企业信息化应配合和促进我国企业改革,应依据和发挥我国的技术力量,改善和加强我国的管理基础,应多渠道、多层次筹集资金并注重节约使用。从厂情看,企业信息化的实施应以企业的性质、类型、规模、发展阶段、内部组织、外部环境等多种因素为转移,切忌"一刀切",追求统一模式。企业信息化要取得成功,必须掌握以下 10 个要点:(1)以提高企业的效益和竞争力为目标;(2)以体制改革及与其相匹配为前提;(3)以企业管理的规范与优化为基础;(4)以信息资源的深入开发和充分利用为核心;(5)以围绕企业的产出为重点;(6)以信息技术的战略性应用为特色;(7)以不同企业采用不同的信息化方式为准绳;(8)以信息服务的社会化与产业化为方向;(9)以提高人员素质为根本;(10)以网络贸易或电子商务为前景。

此外,企业信息化换路子,还应从内部信息为主转向外部信息为主,在搞好内部信息化的同时更要搞好外部信息化,掌握和利用市场信息、顾客信息、供应链信息、竞争对手和合作伙伴的信息、竞争环境变化信息等等。与此相适应,企业信息化应把重点从生产与管理逐步转向研究与开发、商业营销上来,并以营销信息化为龙头,逐一改进其上游环节如管理、生产、设计等的信息化。

(三)换脑筋,解决企业信息化的认识基础

企业信息化是由非信息化企业变为信息化企业的动态过程,不仅企业通过信息化发生了变化,而且信息化的内容和作用也在发生变化。从信息技术应用看,起初是电脑的单机应用,其后是计算机信息系统,最后是远程互联网等等。从信息资源利用看,起初是数据处理与管理,其后是信息资源管理,最后是知识管理、智能管理等等。从信息化作用看,起初是改进基层操作,其后是辅助应用与辅助管理,最后是解决经营战略与高层决策问题。所以,对企业信息化的认识需要不断提高,经常换脑筋。企业信息化绝不是可有可无的,也不是可望而不可即的,并非简单地用电脑装备企业、用信息帮助决策。到了信息时代,企业信息化已成为企业生存与发展之本,成了企业经营战略的重要内容和主要手段。企业应借助信息化来改善企业形象和企业的公共关系,提高企业人力资源的素质和活力,以及利用全球范围的资本、技术、资源、信息和知识,为企业赢得和保持竞争优势服务。提高认识需要亲身实践的深刻教育。当一个企业不搞信息化就没有资格进入国际市场时,自然就会对信息化有紧迫感,但这是被动的。在企业信息化的认识问题上,居安思危,高瞻远瞩是可贵的。主动认识比被动认识好,早认识比晚认识好,认识高比认识不足好。

第四节 电子商务及其发展

一、电子商务的出现与意义

20世纪最伟大的发明是电子计算机,电子计算机最伟大的发展是因特网,因特网最伟大的应用是电子商务。但电子商务的出现并非始于因特网的应用,而是源于电子数据交换(EDI)。电子数据交换是在一种专用的电子信息网络上实现的。1989年,美国劳伦斯·利弗莫尔(Lawrence Livermore)把在这种电子信息网络上由技术、物资过程和人融为一体的商业交易活动称为电子商务(E-commerce)。一个新的重要概念也就由此诞生了。电子商务的另一英文原名 E-business 的出现,则是因特网在1991年由军用转向民用对公众开放和在1993年开始应用于商务活动以后的事了,它是由著名信息企业 IBM 提出来的。基于因特网的电子商务同基于电子数据交换的电子商务相比,不仅成本极大地降低、效率大幅度提高,而且还把数字化的电子市场大大地扩展了,从而使电子商务产生了质的飞跃或新的提升。

电子商务的根本性变革在于把商品(货物和服务)流、资金流、技术流、业务流统统反映在信息流上,并由信息流来组织和支配,从而导致增值链重组,产生革命性的整合。同时,这一商务过程还实现了产业化。这是人类经济活动的新形式、新内容。

电子商务是以企业信息化为基础的,但它又扩展和提升了企业信息化,并超出企业信息化的范围,还涉及政府信息化、家庭信息化等问题。

二、电子商务的优越性

电子商务的活力和潜力是显而易见的。与传统商务相比,电子商务有两大方面的优越性:

(一)直接的现实优越性

1. 交易虚拟化

在电子商务中,交易双方即卖方和买方,以及交易中介的商务活动,全部或大都是在互联网络中进行与完成的。无论是企业对企业、还是企业对消费者的电子商务,前者的商谈、签约、订货、采购、营销、支付、报关、纳税等活动,后者的购物选择、定单输入、商家回应、信息确认、电子支付、无形商品或服务(如软件、报刊、贺卡、娱乐等)的传送等活动,都可在网上进行。只是有形商品(如电脑、汽车、家电、衣服、食品等)的传送需由网外的实物配送系统来完成。但其整个传送过程仍可通过网络来查询、跟踪和督促。电子商务充分体现了用信息流组织和支配资金流、货物流的优点,使整个交易活动在虚拟的网络世界中来实现。因此,它不受时空的限制,可以全天候实时地和全方位无边界地来进行。这种表现为数字化、符号化的虚拟化交易活动,是现实的交易活动的反映和模拟,它源于现实但又超越现实,极大地扩展了和丰富了现实的传统商务活动。

2. 交易成本低

由于买卖双方在网络上直接进行交易,并把商务活动转化为信息活动,不仅中间环节大大减少,甚至变为不需要了,而且商业用楼、地面店铺、商品库存、办公经费、文件处理、人员开支等,都可大幅度压减、节省,有的甚至会降低到零(如无库存生产、无库存销售等)。最明显的表现就是采购成本、销售成本的降低。例如,美国 GE 公司采用电子商务后,1997 年采购人员减少了 60%,采购成本降低了 30%。交易成本降低后,企业竞争力提高了,消费者购物便宜了,社会的资源节约了。

3. 交易效率高

电子商务使交易快捷、方便、瞬间即可实现交易各方的复杂联系,把每项交易的有关环节整合在一起,并同时加以完成。这样,周转时间缩短了,服务质量提高了。例如,美国的汽车生产周转时间在 20 世纪 80 年代需 4—6 年,比日本的 3 年要长很多,但采用因特网商务后,只要 2.5 年,已快于日本。又如思科(Cisco)公司实施电子商务后,对顾客服务的效率一下子提高了 200%—300%。此外,网上购物尤其是节假日购物,还可使消费者从个性化选择中感到乐趣。

以上三个优越性中,后两个是紧密相连的,为电子商务优于传统商务的生命力之所在,但它们又都是从前一个派生出来的。所以虚拟交易乃是电子商务之根本。

(二)间接的潜在优越性

1. 增加商贸机会

随着互联网络的延伸与扩展,加上网络效应的作用,电子商务会给人们带来无限的商机。对中小企业与社会成员来说,进入商务活动的门槛变低了,拥有与大企业相同的参与交易的机会,因而能促进市场竞争和改善企业组织结构。

2. 改变商贸模式

通过多向的信息交流和有效的信息应用,电子商务不仅变革了传统的商贸模式,使商家与客户的沟通更直接了,使企业与企业间、企业与消费者之间的关系发生了大的变化,建立在更高的信用度和更严格的商务合同的基础上,使整个贸易趋向少纸化、无纸化,而且还出现了一系列新的商贸模式,如企业间的增值链模式、信息中介模式、消费者居家购物模式、在线销售服务贸易模式,以及消费者相互间在网上的"拍买""拍卖"模式、消费者对厂商企业集体讨价还价的模式等等。

3. 带动经济变革

电子商务处于整个网络经济的顶层。从产业角度看网络经济,它可分为4层,从低层到高层,依次为基础层、应用层、服务层、商务层。居于顶层的商务层与最终消费的距离最近,它的发展以其他3层为依托,但又会带动其他3层的发展,促进网络经济的繁荣。同时,由于商务层吸引更多的传统企业纷纷"触网",使它们产生巨大变革,进而提高企业竞争力。所以,电子商务还是促进经济变革与发展的一个驱动力。

三、发展电子商务需具备的条件

电子商务的优越性很大,但推动电子商务的发展,需创造一系列条件。这些条件可分为两类：一类为"硬"条件，另一类为"软"条件。

(一)"硬"条件包括

1. 信息基础设施的建设和信息化的程度

这是首要条件。现行的电子商务以因特网为基础，高效的信息基础设施是推动电子商务发展的物质基础。没有一个好的网络平台，就谈不上什么电子商务。网络的容量、速度、带宽、互联互通的情况，以及管理的有效程度，都关系到电子商务的正常开展，如能否使厂商公平合理地接入、低成本运行和获得良好的服务。电子商务一方面构成经济信息化的重要内容，另一方面又取决于企业信息化、政府信息化和家庭信息化的发展程度。企业内联网、外联网、网际网的发展至关重要。政府和家庭、社区的信息化程度也会影响政府采购的电子商务和政府支付性电子商务的发展进程。

2. 信息网络的安全性和可靠性

电子商务涉及商务谈判、资金划拨等重要事宜，网络运行必须安全、可靠，保证不出差错。应采取必要的措施，确保网络的外部安全和内部安全。需研究开发商业密码及其技术，还需加强密码管理。应防范网络入侵行为，使电子商务有安全可靠的环境。

3. 用户身份识别与认证

建立和完善身份认证机构(CA)，提供网上认证服务，是开发电子商务的必备条件。认证中心应是一个负责发放和管理数字证书的权威机构。该机构必须对信任它的各方负责，切实履行本身职责。

4. 电子支付系统

界面友好的、安全有效的电子支付系统，是推进电子商务的重要条件。用户根据自己的需要可选择合适的支付工具，如信用卡、电子支票、数字现钞、电子钱包等等。网上支付应逐步完善，以便从金融服务方面支持电子商务的发展。在线的支付结算方式需有一定的灵活性，以适应网络市场的变化。

5.货物配送系统

通过电子商务买卖的有形商品,如图书、药品、杂货、玩具、鞋帽、家具、鲜花等,不管是厂家直销还是商家零售的,都必须由强大的、高效的货物配送系统,准时地、完整无损地、可即时查询地传递到顾客手中。这是开展电子商务的一个容易被忽视却十分重要的条件,而电子商务的发展反过来又会带动快递公司、货物配送企业等物流产业的兴起。

(二)"软"条件则包括

1.法规与政策、标准与规范

电子商务有着与传统商务不尽一致的特殊的交易规则,启动电子商务需要新建法律、规章和政策的环境,以及必要的标准和规范。这既应从中国实际出发,又应考虑与国际接轨的需要。国际组织和电子商务先行国家都十分重视这方面的工作。例如,联合国国际贸易法委员会于1996年提出了"电子商务示范法",美国在1997年发表了"全国电子商务纲要",欧盟于同年也颁布了"电子商务行动方案",新加坡则在1998年制订了"电子交易法案"。

2.政府的有效管理

电子商务能否取得成功,既决定于企业的主动性和首创精神,又决定于政府的指导、协调和管理,它涉及政府诸多部门。有关部门应协调一致,根据电子商务发展规律进行有效的监管,保证电子商务的灵活性和适应性,以促进企业通过电子商务赢得国际竞争优势。

3.知识产权和信息隐私的保护

在开放的网络环境下,随着电子商务的开展,对知识产权(包括著作权、专利、商标、网络域名等)、商业秘密、个人隐私的保护,显得日益重要起来。这方面往往需要有相应的国际公约。例如,世界知识产权组织(WIPO)的成员国在1996年缔结了《WIPO版权条约》等。这有利于电子商务健康地持续发展。

4. 信用和声誉

电子商务不是面对面地进行的,它比传统商务更要讲信用、树声誉。交易双方相互信赖是进行电子商务活动的基础。无论是企业还是个人,都有资信问题。网上交易前,要了解对方的资信情况,以免上当受骗。电子商务的参加者应遵守商业道德,加强自律。

5. 转变观念和培养人才

观念的滞后会对电子商务的发展产生阻碍作用,而人才的缺乏是电子商务难以快速发展的主要原因。电子商务的真正发展,有赖于从事传统商务活动的广大员工对电子商务的积极参与,和大批传统企业尤其是有影响的大型企业转向电子商务。加强电子商务知识的宣传与普及,改进电子商务从业人员的知识结构,培养我国自己的电子商务人才(包括实际工作者和理论工作者),乃是当务之急。

以上"硬""软"10个条件,并非一蹴而就所能创造出来的,需作长期不懈的努力。尤其是"软"条件,更需认真下功夫,逐步加以完善。电子商务的启动与推行,要有一定的基本条件,但不能等到各项条件十全十美以后才开始。"发展才是硬道理",应在电子商务的发展过程中去检验已有的条件,并加以改进和补充,这是符合辩证法的。

四、电子商务贵在制度创新、重在"生态环境"

电子商务是技术创新与制度创新相结合的产物。从技术创新看,电子商务的兴起是20世纪70年代以来计算机网络创新发展的结果,即因特网前身的 ARPANET 和 NSFNET 在竞争中胜过 X.25 分组交换网、DNA 和 SNA 以及 OSI/ISO 等专用计算机网,以至 TCP/IP 协议提高计算机终端智能程度尤其是浏览器和Web服务器技术创造发明,使因特网具有世界规模以及信息查询和知识学习功能的结果。从制度创新看,电子商务的兴起是网络企业诞生的观念创新、风险资本运作的融资方式创新、创业板股市出现的证券市场创新、采用股票期权方式的收入分配制度创新,以及网络企业与传统企业通过相互兼并、购买、合作、联盟逐渐融合等一系列创新的结果。

电子商务是电子技术与商务活动的有机结合。电子技术的发展是连续的、波浪式的,对电子商务起驱动作用。但进行商务活动乃是电子商务之根本,在一定的技术条件下,电子商务的发展状况就取决于商务活动本身的制度创新,取决于能否始终把保持创新的激励放在首位。商务模式创新、经营机制创新、组织管理创新、发展战略创新等各种非技术的制度创新,是极其重要的。

电子商务贵在制度创新,但重在"生态环境"。因为电子商务的价值不在单个企业的"内部性",而在互联生态的"外部性"。这就是说,关键在于与企业上下左右关联的有效整合的"生态环境"。所以,发展电子商务,决不限于由内而外的"苦练",更重要的是由外而内的"巧练"。

在发展电子商务的过程中,要注意发挥其内含的种种正反馈的边际效益递增效应。例如:网络用户越多,网络吸引力就越大的网络效应;开展合作越勤可合作的对象就越多的协力效应;愈能找到所需的信息或关系,就越容易整合的整合效应;越重视克服阻碍效率提高的因素,就越能有效率的效率效应;愈能适应变化,就会越来越习惯的惯性效应;愈会学习,就会学习越多越好的学习效应;等等。但与此同时,更要注意不拘泥于现有的程式,顺其自然,发挥创意,以变应变。这再次说明电子商务重在"生态环境"。

第五节　信息化指数及其计算

信息化指数是以指数形式测评国家或地区的信息化水平及其变化的数值。该方法最早是由日本学者小松崎清介提出来的，当时只包括信息量、信息装备水平、通信主体水平、信息系数等4个方面、11项指标，规定以1965年为基年，以日本各指标的数值为基准，测算和比较各国的信息化水平。该方法简单、易操作，但指标体系不全、权重不准确。由于进入20世纪90年代后，信息化水平成了各国各地区综合实力和竞争能力的主要标志之一，我国国家统计局国际统计信息中心一课题组参照小松崎清介的方法，根据国家信息化工作框架即信息资源开发利用、信息网络建设、信息技术应用、信息产业发展、信息化人才、信息化发展政策等6个方面的要素，选取了25个指标，按综合评分分析法和具体计算公式，对1995—1998年全国和31个省区市的信息化水平总指数和各要素指数进行了测算。他们所用的公式如下：

$$IL = \sum_{s=1}^{n} \left(\sum_{t=1}^{m} Q_{st} W_{st} \right) \times W_s$$

式中，IL为信息化水平指数得分；n为信息化水平构成的要素个数；m为信息化水平第s个构成要素的指标个数；Q_{st}为第s个构成要素的第t项指标标准化后的值；W_{st}为第s个构成要素的第t个指标在其中的权重；W_s为第s个评价指标无量纲化处理后的值的权重。当时测算出来的我国1998年信息化水平总指数为25.89。以后国家信息化测评中心在此方法基础上作出补充和改进，又测算了1999年和2000年的国家信息化指数（NIQ），分别为30.14和38.46，并于2002年3月19日，首次公布了国家信息化指标测算结果，还发布了国家信息化水平研究报告。该报告称我国信息化指数年增逾30%,北京信息化指数为全国最高。①

上述信息化指数是反映整个经济和社会的信息化水平的。从信息化发展的需要看,有必要研究和计算单独的经济信息化指数,以及不同行业的企业信息化指数。

---

① 作者是前述课题组的专家,该课题组继测算比较1995—1998年全国和31个省区市信息化指数之后,2003年经过改进,又对1999—2001年全国和31个省区市、世界30个国家或地区的信息化指数,进行了测算和比较。

第九章　信息非对称对经济行为的影响

第一节　非对称信息与非对称信息理论

物质不灭是物质的基本特性,能量守恒是能量的基本特性,信息非对称是信息的基本特性。信息的这个特性表明信息的分布是不对称的。当然,通过信号传递和信息交流等途径,信息分布不对称状态会趋向对称。但对称总是相对的,非对称才是绝对的。由于信息分布不对称,就会出现信息优势方与信息劣势方之间的信息差距,而导致前者的有利地位和后者的不利地位。

在分布中处于非对称状态的信息常被称为非对称信息,如不为他人所知的私人信息。在分布中处于对称状态的信息就被称为对称信息,如为多数人所知的公共信息。

在市场经济的交易行为中,所买卖的商品,尤其是在使用中方能了解和掌握其特性的经验商品,其质量的有关信息,卖者总比买者知道得多,所谓"买者不如卖者精"。在这种情况下,卖者有可能出于谋利的需要隐匿他掌握的质量信息,而买者怕被对方欺诈常会猜忌或怀疑。这样,本来对双方有利的交易行为就会受阻,甚至实现不了,这说明非对称信息的存在,会影响市场机制发挥作用。

传统经济学研究市场交易行为时,是不考虑非对称信息存在的。

引进非对称信息的假设,来研究市场机制作用出现的问题及其弥补办法,从而诞生了经济学中的非对称信息理论。

最早的非对称信息理论是柠檬市场理论。这是研究二手汽车市场上由于卖主与买主对汽车质量的信息不对称,使劣质车在价格竞争中把优质车排挤出市场导致市场机制失效的理论。该理论是2001年度诺贝尔经济学奖获得者之一美国加州大学伯克利分校乔治·阿克洛夫教授,在1970年发表的论文《柠檬市场:质量的不确定性与市场机制》中提出来的。阿克洛夫所说的柠檬市场指二手车或旧车市场。但也可扩大范围泛指其他的二手货或旧货市场。根据阿克洛夫的细心观察和开创性研究,他建立一个模型,反映在旧车质量均匀分布的假设下,因旧车的性能只有卖主知情而买主不知情,结果出现交易中旧车的平均价格与平均质量轮番下降,以致把好车逐出市场而使坏车成交的逆向选择过程。阿克洛夫用此来说明:与古典经济学中"劣币驱逐良币"的原理相类似,由于不对称信息的存在,市场是如何阻碍互利交易顺利进行的。柠檬市场原理的意义在于,促使人们用非市场方法弥补因信息非对称所造成的市场本身的缺陷。

继柠檬市场理论之后出现了信号理论。这是研究怎样通过发放市场信号,以弥补市场因信息不对称或不完全而失效的一种理论。该理论最早由2001年度诺贝尔经济学奖获得者之一美国斯坦福大学迈克尔·斯彭斯教授在1973年发表的论文《求业市场的信号传递》中提出来的。在劳动力市场中,雇员多用文凭向雇主显示自己的学历,而雇主把受教育程度作为衡量工作能力的标志,据以对雇员支付工资,因为教育对学员的入学和毕业有两层过滤作用,所以,反映学习成绩的学校文凭成了重要的信号,使信息不对称的劳动力市场得以有效运转。但当文凭不能真实反映雇员工作能力时,就会使信号失真而影响市场效率。在商品市场中,品牌是卖主向顾客推销自己商品的另一种重要信号,它能把商品的质量与其他同类商品区别开来,使顾客愿意购买,而避免出现劣质商品在竞争中排挤优质商品的逆向选择问题。

在研究信息非对称性对市场有效性的影响方面,2001年诺贝尔经济学奖的另一位获得者美国哥伦比亚大学教授施蒂格利茨(J. E. Stigligz)也作出了杰出的贡献。例如,他和罗斯查尔德(M. Rothschild)合作,研究了保险公司在不了解投保人风险信息的情况下,向客户提出各种保费率和免赔额度的组合,让客户自选,以便通过"对号入座"而有效地选择可知情的客户。又如,他还和魏思(A. Weiss)合作,研究了银行利率与借贷的关系,以防止坏账损失。

在信息非对称理论的基础上,以后又发展出了与它相联系的委托代理理论。

第二节　逆向选择与道德风险

逆向选择的原文为 adverse selection,又译不利选择,它指因交易双方信息不对称导致一方蒙受不利而影响市场效率的选择。逆向选择是微观信息经济学或理论信息经济学的基本范畴之一。它最早出现在前述阿克洛夫的柠檬市场理论中,意谓二手汽车市场中,卖者与买者因信息不对称而导致一种劣质车淘汰优质车的逆向选择。后来逆向选择的概念又被推广应用于委托代理理论中。这时逆向选择是指委托代理关系中,代理方因拥有隐蔽的私人信息而在合同或契约签订前,利用委托方不知情的信息劣势进行欺骗以谋私利的抉择行为。在委托代理理论中,逆向选择这个概念不是单独存在的,而往往是与合同或契约签订后出现的道德风险相并用的,这样做的目的,是要设计一种有效的激励机制,防止由于信息不对称而产生的上述两种机会主义行为。究其根源,逆向选择这一用语出自保险业。在保险市场中,投保人一般拥有保险公司不知道的私人信息或隐蔽信息,他们对自己存在的风险程度是不会向保险公司说真话的,只能按平均风险程度来确定,因此对保险公司来说,由于处在信息劣势地位而招揽了一大批高于平均风险程度的投保者,这无疑是一种不利的逆向的选择。为克服这种逆向选择带来的不利局面,保险公司就会在保费率的制定中设计一套办法,让投保人尽可能说出真话,反映其真实的风险程度并收取相应的保费。

  道德风险的原文为 moral hazard,又译败德行为,它指委托代理关系中,代理方在合同或契约签订后,利用自己的信息优势或隐蔽行动,为使自身利益最大化,而损害居于信息劣势的委托方的利益,以至损害社会福利的一种行为。道德风险与逆向选择相对应,同为微观信息经济学或理论信息经济学的两个基本范畴。在市场交易中出现逆向选择和道德风险,都与交易双方存在信息不对称有关。但逆向选择产生于签约前,代理方向委托方隐瞒真情,而道德风险产生于签约后,代理方做出不利于委托方的事情。委托方在信息不对称的情况下,为保护自身利益需设计激励机制或约束机制,诱导代理方说真话、干实事。在委托代理关系之外,道德风险也有不与逆向选择相联系而单独存在的情况。例如,有些商场为方便携带幼儿的顾客购物,设有托儿便民服务处,但商场附近的一部分居民,借到商场购物之名,行长时间把幼孩寄存在商店之实,这是顾客"搭便车"的一种败德行为。道德风险属于市场经济环境中的外生不确定性,它的存在将破坏市场均衡,导致市场低效率。道德风险这个术语,与逆向选择一样,也源出保险业。在保险市场中,经常会出现投保人只顾自己利益而忘了自己责任的隐蔽行为。如在火灾保险中,当投保人经营亏损后故意纵火骗取高额保险赔偿金,就是一种人为地造成损失的犯罪行为。又如在财产保险中,也有投保人不自觉地忽视日常保管工作,甚至产生故意地损坏财产的不道德行为。

第三节　委托代理理论与委托代理关系

委托代理理论是一种发展了的信息非对称理论。这个理论是由1996年度诺贝尔经济学奖两位获得者美国哥伦比亚大学教授威廉·维克里和英国剑桥大学教授莫里斯创立的。维克里提出了第二投标法(second pricesealed bidding),使投标人能按他们对标的物的私人实际评价来出价。所谓第二投标法,是在拍卖和招标中,不以最高价或最低价而以次高价或次低价成交的、一种能诱使投标者尽量按真实情况报价的新方法。传统的第一投标法规定,在商品拍卖和工程招标的交易活动中,以喊价或报价的最高价(适用于英国式升价的拍卖和招标)或最低价(适用于荷兰式降价的拍卖和招标)成交,由该出价者赢得标的物。与此不同,第二投标法规定,以最高出价或最低出价的得标者可按第二高(适用于英国式升价的拍卖和招标)或第二低(适用于荷兰式降价的拍卖和招标)的竞价者的出价为交易价格成交。以上两种方法都是密封竞价的。后一种方法相对于前一种方法的优点在于,对投标者老老实实地开价和报价有激励作用,能促使投标人按照他们对标的物的私人实际评价出价。第二投标法是由维克里教授在1961年发表的论文《反投机、招标和密封投标》中提出来的,故有"维克里拍卖和招标法"之称。

莫里斯在维克里研究的基础上扩展和建立了委托代理理论,这个理论包括委托代理关系的研究和激励机制的设计问题。

委托代理(principal-agent)关系,是指市场交易中,由于信息不对称,处于信息劣势的委托方与处于信息优势的代理方,相互博弈达成均衡用合同反映的关系。委托代理关系赖以形成的基本条件为:

1. 市场交易中,存在两个或两个以上相互独立的行为主体,他们在一定约束条件下各自追求效用最大化。

2.市场交易的参与者均面临不确定性风险,而他们掌握的信息处于非对称状态。

在委托代理关系中存在两种不同的选择行为:一是委托方选择代理方,并按一定方式付酬,但不能直接观察到代理方的行为,又需按一定合同向代理方支付与其行为结果相联系的报酬。二是代理方选择自己的行动,它既会影响自己的收益又会影响委托方的收益,但他选择行动产生的结果是随机的,不受他完全控制。

委托代理关系有5种模式:(1)委托方与代理方均为单一的个人,如病人为委托人,医生为代理人;(2)委托方只有一个,而代理方不止一个,如中央政府为委托人,若干家垄断企业为代理人;(3)委托方不止一个,而代理方只有一个,如众多计算机用户为委托人,某个网络接入服务商为代理人;(4)委托方与代理方,均有多个,如众多投保人为委托方,多家保险公司为代理方;(5)单个的或多个复合的委托方与代理方,可替换位置互为委托、代理的关系,如出版商与作者之间互为委托、代理的关系。

不管何种模式,代理方掌握委托方不了解的信息,包括市场信息、私人信息等,双方在讨价还价中达成彼此能接受的合同,并在合同约束下行动,展开博弈,取得对策均衡。

形成均衡需具备两个条件:(1)参与约束。代理方履行合同后所获收益不能低于某个预定收益额,委托方给予代理方的收益水平,不能低于同等条件下其他委托人所能给的收益水平。(2)激励相容。代理方按合同进行活动以其效益最大化为原则,并保证委托方预期收益也能最大化。这两个条件也是委托方设计激励机制的原则。

在委托代理关系中,双方采取不合作态度,通过博弈达成的均衡,往往不是最优的。相反,双方采取合作的态度,所达成的均衡一般对各方都有利,可实现双赢的目的。

由于博弈是互动的过程,局中人关心对方采取何种对策胜于关心自己采取何种对策。只有知道了对方的对策,才能有自己的最优对策。因此,任何一方都不愿让对方掌握自己的私人信息,同时,却要努力去掌握对方的私人信息。

在这种情况下,信任和信用在委托代理关系中有了特殊的重要性。对承诺的合同应予履行、对确认的规则要能遵守,在市场交易中客观上要求以诚信为本。

第四节 激励机制的设计与建立

在委托代理关系中,委托人为了有可能使自己的效益最大化,就得使代理人的行为也能达到其效益最大化的目的。为此,必须设计和建立一种激励制度来协调委托人与代理人之间的利益关系。激励的实现,是与信息诱导分不开的。

代理人往往会利用委托人难以了解到的私人信息和难以观察到的私人行动,使委托人处于一种不利地位,借以损害委托人的利益。而委托人就需要用一套办法来保护自身利益,不让代理人那么做。

例如,在管理中实行承包制,发包方与承包方就要讨论承包基数问题。发包方为了促使承包方把完成承包任务的真实情况反映出来,并在实现承包过程中尽其最大努力,就需要设计承包基数的确定方法,也就是设计激励机制或约束机制的问题。在这方面,原杭州商学院院长胡祖光教授研究出了"联合确定基数法"(又称"HU 理论")。该法的主要特点是设置了少报受罚系数,促使承包方不敢隐瞒实情,而会实事求是地报出,一个他经过努力能够完成的最大承包基数来,承包基数确定后,发包方就没有必要去防范或算计承包方,并与之进行讨价还价式无休止的谈判。胡祖光把此法形象地比喻为让承包者"跳起来摘苹果"。

设计和建立激励机制,一方面是要促使代理人自觉显示他的真实信息,不隐蔽信息;另一方面是要促使代理人自觉地尽最大努力工作,不隐蔽行动。这也就是要回避逆向选择和防止道德风险。

激励机制必须同时满足参与约束和激励相容的条件,要能使代理人在追求个人利益时,也使委托人达到预期的利益目标。

在经济活动中,除承包制外,诸如租金制、工资制、分成制、期权制等方面,都有设计和建立激励机制的问题。

委托代理理论表明,在信息非对称情况下,市场交易行为会受到阻碍,但如果有合理的激励机制,还是能顺利进行的,政府有责任运用政策手段来确保激励机制的建立和改进激励机制的设计,使市场经济能有效地运行下去。

第十章 信息在资源配置中的作用

怎样把稀缺的资源配置到最需要它的地方去,使它得到最充分的利用,这类资源优化配置问题,是经济学要研究的重要内容。在资源配置中信息有着重大的影响。这种影响往往是通过信息结构(information structure)和信息效率(information efficiency)产生的。在市场经济中,价格信息及其体系则对资源配置有着十分显著的影响。

第一节 信息结构及其作用

所谓信息结构,就是信息的分布状态或流转模式。分布是静止的,流转是动态的。流转改变了分布,而分布影响着流转。

信息的流转模式,从端点关系看,有点对点的、点对多的、多对点的、多对多的等;从流动方向看,有单向的、双向的、多向的、网络型的等;从管理方式看,有集中的、分散的、集中与分散相结合的等。

在申农创立的信息论中,信息是信源、信道、信宿之间联系中生成的东西,它有三层结构。第一层是语法信息,为结构形式层,它反映信息的确定度。第二层是语义信息,为逻辑内容层,它反映信息的真实度。第三层是语用信息,为实用价值层,它反映信息的效用度。对信息结构的第一层进行信息量的研究,构成经典信息论的内容,对信息结构的第二、三层进行信息的质的研究,构成现代信息论的内容。

信息存在于系统内或系统间。不同的系统有不同的信息结构。系统内信息结构的优劣会对系统本身的发展产生促进或阻碍作用。

以一个群体或团队(team)来说,它是由一定数目的成员组成的。这些成员既有共同的利益和信息,又有各自的利益和信息。把团队内全部成员拥有的信息排列起来就构成该团队的信息结构。该团队的决策是在既定环境下以各个成员的行动为基础而实现的。当团队的决策能控制各成员的行动时,该团队的信息结构是集中的,当团队的成员有各自的决策并按此行动时,则该团队的信息结构是分散的。

一个团队的效用函数,不仅取决于外部的环境状态和团队的决策规则,而且还取决于团队内的信息结构。团队的信息结构该集中时不集中,该分散时不分散,必然会影响该团队的效用函数最大化。

当团队的外部环境状态为既定时,该团队效用函数的优化问题,可归结为在一定的信息结构下决策规则或决策函数的优化问题,或者是在一定的决策规则或决策函数下信息结构的优化问题。团队的信息结构是否合理,最终影响到该团队效用函数能否达到最大化。

再以工商企业为例,它们的信息结构在基本原理上是与团队的信息结构一样的,即其信息结构也应同企业的环境状态、决策规则相匹配。

一、企业信息结构的基本形式有两种

1. 垂直的等级式信息结构。其优点是便于加强管理,而其缺点是灵活性不足。专业化分工与合理的等级控制相结合,容易提高效率。

2. 水平的民主式信息结构。其优点是有利于员工参与决策,而缺点是较难控制。但通过干中学,能有效地解决问题以提高效率。

对于企业来说,采取何种信息结构往往与企业的生产结构有关。一般地讲,外包业务比重大的企业,以采用第二种形式为好。而内部生产为主的企业,则以采用第一种形式为好。

在工业时代,企业采用垂直一体化的信息结构,更有利于企业的发展。到了信息时代,企业采用横向水平式信息结构,会使企业更有利于发展。

二、整个国民经济的信息结构也有两种主要形式

1. 纵向的由上往下(top down)逐级下达和由底向上(bottom up)逐级上报相结合的等级制信息流动模式。按照这种模式,基层企业相互间信息交流需通过它们共同的主管部门。

2. 横向的同级单位间和无隶属关系的非同级两个单位间相互交流的信息流动模式。按照这种模式信息流动可避免在上传下达中,因层级过多而失真的弊端。

但以上两种信息结构所产生的信息流,除直接信息流之外,都会有通过中介组织的间接信息流。

在计划经济体制下第一种信息结构居主导地位,信息流是集中的;在市场经济体制下第二种信息结构居主导地位,信息流是分散的。

与工商企业信息结构的效率评价不同,就整个国民经济而言,分散的、横向的信息结构,比集中的、纵向的信息结构更有效率。不少国家的学者曾对此作过论证。但随着世界经济的发展,出现了混合型信息结构,既有纵向信息流又有横向信息流。由于两种信息流在混合中所占的比重不同,结果再加上原来的两种信息结构,一共出现了四种信息结构:

1. 完全纵向的信息流结构。这是与纯粹的计划经济体制相适应的。

2. 完全横向的信息流结构。这是与纯粹的市场经济体制相适应的。

3. 纵向的信息流多于横向的信息流的混合结构。这与计划经济体

制成分较大的混合经济相适应。

4.横向的信息流多于纵向的信息流的混合结构。这与市场经济体制成分较大的混合经济相适应。

在上述四种信息结构中,对资源配置效率的评价,当推最后的第四种为最高。

第二节　信息效率及其作用

信息效率是反映信息发挥作用的程度的,它的提高是技术进步和经济发展的重要因素,能使信息贫穷(information poor)国家向信息富裕(information rich)国家转变。

信息效率的内容,按信息活动的过程和环节来考察,应包括获得信息的效率、处理信息的效率、传递信息的效率、使用信息的效率。对信息效率的评价,不能只从获得、处理、传递、使用的信息量来衡量,更重要的应从信息在系统中发挥作用的程度来衡量。

在信息资源稀缺的情况下,研究信息效率问题,似乎容易被人们所理解和接受。相反,在"信息爆炸"的环境下,人们往往忽视信息效率问题,从而导致对信息资源的浪费。使拥有的信息对信息拥有者产生最大限度的作用,这既是提高信息效率的问题,同时,又是降低信息成本的问题。

信息效率同资源配置效率之间存在着正相关的关系。信息效率最优化,也就意味着资源配置效率最优化。迄今为止,人们公认,市场经济体制能比计划经济体制带来更高的资源配置效率,这正是由于在市场经济体制下的信息效率高于在计划经济体制下的信息效率。

从学术史上看,1996年埃冈·纽伯格就研究了信息效率问题。他把经济系统划分为信息和生产两个子系统,用对比各子系统的投入效果与经济系统的产出效果的方法,来说明集中化的信息子系统的信息效率低于分散化的信息子系统的信息效率。他计算的信息效率等于实际平均的信息量除以最大信息量得出的比率,处于 0 与 1 之间。当信息效率接近于 0 时,表示信息系统受限制、不自由,从而影响经济系统的运行;当信息效率趋向 1 时,则反映出信息系统约束小、比较自由,从而会促进经济系统的发展。

纽伯格对信息效率的研究,虽对后人研究信息效率问题有一定启示,如使人们懂得信息系统对经济系统的作用不容忽视,但存在很大局限性,如只用信息量大小来评价信息效率的高低。所以,对信息效率问题不仅应引起重视,而且有必要做深入研究。

第三节 价格信息及其体系对资源配置的影响

价格是重要的信息,它含有商品的价值、供求关系、市场变动趋势、政府政策取向等诸多信息内容。价格对生产方、消费方、中介方、监管方,多向地传递着市场信息。能否充分利用价格的信息内容,取决于市场参与者(包括监管者)的市场知识与经济知识。

正因为价格具有信息内容,所以它能发挥信息功能。这就是要通过价格来传递信息,使价格在组织经济活动中发挥重要作用。

价格的信息功能,主要是通过整个价格体系来实现的。首先,价格体系只传递重要的信息,只传递给需要了解这些信息的人们。其次,价格体系要有效地传递信息,即保证每一个需要这种信息的人能够得到它,而不让那些不需要该信息的人把它束之高阁。再次,价格体系通过信息传递还能使人们从中获益,赚取利润。最后,价格体系一旦被扭曲,不能正确反映供求关系时,就会妨碍市场信息的准确传递。

价格体系传递的是市场信号和经济信息,这使价格有可能成为优化资源配置的指示器。但是,价格体系往往并不能充分反映市场参加者的现有信息。正是由于这个原因,市场参加者还有必要通过信息搜寻、通过信息市场、通过大众传媒、通过市场调查、通过投资建设信息系统等途径,自行采集其他市场信息和经济信息。

虽然价格体系具有传递市场信号和经济信息的功能,但市场参加者却不能完全依靠价格体系来获取市场信号和经济信息,这种辩证关系在格罗斯曼-施蒂格利茨悖论(Grossman Stiglitz's Paradox)中得到了反映。

上述悖论指的是价格体系与其能否完全反映市场参加者私人信息之间的矛盾状态。它是由格罗斯曼与2001年度诺贝尔经济学奖获得者之一施蒂格利茨两人,在1976年共同发表的论文《信息与竞争性价格体系》中提出来的,并于1980年的另一篇论文《从信息看有效市场的不可能性》进一步加以强调。他们认为:价格体系能在不同的市场参加者中间收集信息、传递信息,并指导他们对经济环境的变化作出反应,但是市场参加者仍需支付一定成本去收集市场信息,还要依靠期货市场进行套期保值。如果市场价格体系能完全收集到市场参加者的私人信息,市场参加者就不用依赖他们自己拥有的信息了,那么,这时由于市场参加者没有信息了,价格体系又怎么可能完全收集到市场参加者所有的私人信息呢?这是一个悖论。

格罗斯曼与施蒂格利茨还认为,在市场经济中,假设信息是完全的,假设没有任何噪声,就不可能出现一般均衡,而受不完全信息约束的市场(包括商品市场和金融市场)才有一般均衡。一般说,股票价格反映信息最灵敏,但在股票市场仍有信息灵通者和信息不灵通者,信息不灵通的交易者为了获利会通过各种渠道积极去搜寻信息,如果没有搜寻到新的信息,那么,股票价格也就不可能灵敏地反映信息了。

格罗斯曼-施蒂格利茨悖论告诉人们:一方面市场参加者受市场价

格体系所反映的信息的影响,另一方面市场参加者也会影响价格体系的信息功能。这为研究价格体系在资源配置方面的作用提供了比较全面的思路。

上述分析说明,市场参加者希望通过价格体系来获得需要的有关市场的完全信息,但一旦价格体系能传递市场的完全信息时,该价格体系必将因市场参加者毋须再搜寻新的市场信息而导致市场效率低下,甚至毁灭整个市场的运作。这使我们认识到,价格体系的信息功能并不是万能的,有时它还可能反映虚假的、扭曲的信息,对市场参加者起误导作用。因此,在市场信息不完全、不对称的情况下,需由非市场的机制来弥补有缺陷的市场机制。

第十一章　信息技术在经济发展中的作用

第一节　信息革命与信息技术发展

人类历史上生产力经历过几次大的变革,粗略地说,就有古代的农业革命、近代的工业革命,以及现代的信息革命。每次的生产力革命,必然伴之以生产关系和上层建筑的相应革命,最终导致经济转型和社会更迭。

信息革命并非指信息内容本身的革命,它首先是信息技术的革命,随之而来的还有人类收集、传递、处理、使用信息的方式和方法的革命。它意味着人类本身信息能力的质的飞跃。

在人类发展史中,语言的产生、文字的创造、印刷术的发明,以及电报、电话和无线电广播的使用,都引发过信息革命。20世纪40年代以来,电子计算机、远程通信、信息网络的相继发展和趋向整合,又引发了现代信息革命。

现代信息革命既是一场技术革命,它全面延伸了、极大地扩展了人体信息器官特别是思维器官的功能;又是一次产业革命,它必将导致信息产业最终取代传统工业在国民经济中的主导地位。

现代信息技术的发展是与电子学、计算机科学、通信科学、光学、航天科学等一系列现代科学的发展分不开的。科学技术化和技术科学化是当今世界科技发展的一大特点。基于现代信息科学并与其不可分割的现代信息技术主要有:(1)电子计算机技术。1946年第一台电子计算机诞生,1975年个人计算机问世。电脑是人脑的延伸,有利于人类集中精力于创造性思维。计算能力每秒百万亿次的超级计算机已经出现,这个速度接近于人脑传递信息的速度。IBM开发的blue gene超级计算机的计算速度还将进一步高达每秒367万亿次。计算机的运算速度越来越快,体积却越来越小,功能越来越多,智能化、人格化的程度越来越高。(2)数字交换技术。1965年第一个程控交换局开通。以后,又经历了从"模拟空分"到"数字时分"的变革。话音交换与数据交换进一步结合。话音通信和非话音通信方面各种新的电信业务不断产生。通信网络往数字化、综合化、智能化、个性化方向发展。各国纷纷采用综合业务数字网(ISDN)。"蓝牙"(blue tooth)新技术于1998年问世,标志着通信业与计算机业走向融合。(3)互联网技术。20世纪60年代,世界上出现了广域网、局域网、市域网等各种各样的计算机网络,至1969年,美国国防部的阿帕网(AR-PA-NET)联通,宣告"网络世界"的到来。1974年,传输控制协议/互联网协议(TCP/IP)研究成功,解决了不同计算机之间互联的障碍。1982年,万维网(WWW)的出现,又把因特网推进到一个新阶段。因特网不仅发展快而且普及快,每隔半小时就有一个网络与因特网相连,每过1个月就有100万新用户上网,因特网拥有5000万用户所花的时间不到5年,而电视用了13年,收音机广播用了38年。(4)光纤技术。1970年,研制出光纤,把它用于通信有频带宽、容量大、中继距离长、抗干扰好、保密性强、成本低、传输质量高等许多优点。光纤、光缆的通信技术已为世界各国普遍采用,技术水平一代高过一代。(5)移动通信技术。利用无线电波在移动中实现通信,主要有蜂窝状移动电话、无线寻呼、无线电话3种。移动电话的技术现已发展到第三代。(6)人造卫星通信技术。它结合了航天技术和电子技术,具有覆盖面大、通信距离长、不受地理环境限制、投资省、见效快等许多优点。1957年,第一颗人造卫星上天,1965年,第一颗商业同步卫星发射成功。迄今为止,发射的同步轨道卫星已有200多颗,卫星地面接收站1万多座,利用卫星通信的国家和地区达170多个。卫星通信技术正往星体"空中节点"化、地面站趋小型化、使用频段高频化、应用方向ISDN化的方向发展。(7)微波通信技术。1950年,第一条微波通信线路开通,但它是模拟型的。1970年以后,数字型微波迅速发展起来,而且更为经济和可靠。(8)多媒体技术。它能使话音、文字、图像、视听、影视等各种信息形式相互转换和统一处理。

现代信息技术是发展最快、最成熟和应用最多、最广泛的高技术,它更新换代快、扩散转移快,已经改变了和正在改变着人类的生产、生活、工作、学习和思维的方式。但应当看到,现代信息技术的发展并不平衡,信息传输技术和信息加工处理技术发展特别快,而信息获取(感测、识别等)技术和信息应用(执行、控制等)技术的发展相对滞后。人类的信息器官有感觉器官、传导神经器官、思维器官、效应器官,这4类器官都是相互配合的。同理,与它们相对应的现代信息技术如能平衡发展,就会使信息技术在总体上发挥更大的作用。

第二节 信息技术对经济发展的影响

信息技术及其发展对社会进步和经济增长都具有重大而深远的影响。关于信息技术对科学研究、教育、医疗卫生、体育、文化、军事、国际关系等方面的影响,虽同信息技术对经济增长的影响有这样那样的联系,但不属于在这里要讨论的范围。

一般说,信息技术的发展与应用,会促进生产增长,导致市场扩大,强化成本降低和效益提高的程度,引起劳动和就业的变化,影响经济组织的变革,催化和促进信息产业和信息经济的出现和发展,以及在很大程度上改变人们的生活方式。

信息技术促进经济发展的作用,主要是通过以下 3 个途径来实现的:

一、信息技术的产业化

随着信息技术产业化的推进,信息技术产业从无到有、从小到大、从弱到强,并推动包括信息服务产业在内的整个信息产业的发展,使信息产业由新的经济增长点而变为国民经济的主导产业,使产业结构以至经济结构发生根本性变化,达到优化和升级的目的。

二、全部产业的信息化

首先,是传统产业的信息化,使传统产业得到改造和提高,通过"夕阳产业朝阳化""躯干产业智能化",实现产业现代化。其次,是生物工程、新材料、新能源、航空航天、海洋、环保等其他高技术产业的信息化,使它们发展加快、影响扩大。再次,是信息技术产业本身的信息化,使它们的竞争力不断提高。

三、信息与知识在经济发展中作用的强化

信息技术的作用最终体现在信息与知识被它激活后所发挥的作用上。因此,在信息化过程中有把应用信息技术(information technology)的重点,从技术(techonology)转到信息(information)上来这么一种盛行的观点。新经济增长理论把经济增长中技术进步的因素内生化时,强调信息与知识以及它们的积累的重要性,认为信息与知识具有经济外部性和边际效益递增的特点,它们构成了经济增长的重要因素。

关于信息技术所激活的信息(或知识),怎样成为生产力发展中最

重要的"软"要素问题,需在下面作进一步说明。

在生产力要素理论中,存在着"两要素说""三要素说"和"多要素说"。

"两要素说"把生产力理解为人类作用于自然界的能力。认为生产力是由"用来生产物质资料的生产工具,以及有一定的生产经验和劳动技能来使用生产工具、实现物质资料生产的人"组成的。

"三要素说"把生产力理解为生产总量。认为生产力的要素就是生产过程的要素,因此,它除劳动工具和劳动力之外还有劳动对象。劳动对象的禀赋、发掘与变革,对生产力的促进作用是在增长的。

"多要素说"把生产力理解为劳动生产力,即劳动生产率。认为组成生产力的要素,除上述劳动工具、劳动力、劳动对象之外,还包括科学的发展水平和它在工艺上的应用程度(即科技发达程度)、生产过程的社会结合(即管理水平)、自然条件,以及教育、信息(与知识)等。

其中,自然条件是外生因素,劳动者、劳动工具、劳动对象是硬要素,科技、教育、管理、信息则是软要素。

需要特别加以分析的是信息对其他要素的制约和决定性影响。例如:

(一)劳动者是生产力中的首要因素

它包括由劳动者的体质和能量所决定的体力,以及由劳动者的经验、技巧、知识、智慧所决定的智力两个部分,这后一部分正是劳动者获取、传递、处理和运用信息的能力的反映,是劳动者在劳动和学习中长期积累信息与知识的结果。随着劳动分工的发展,在劳动者总体中还出现了信息劳动者,其数量和比重都在迅速增加中,他们的地位和作用也在不断提高和加强。

(二)劳动工具是生产力中起积极作用的活跃因素

它的质的变革乃是划分生产力发展阶段的标志。但劳动工具的制作、使用、改进以及创造发明,都离不开信息与知识,劳动工具中的信息含量、知识密集度、智能化程度,无不决定着劳动工具的复杂性、先进性和现代化水平。在劳动工具发展史中,动力工具取代了手工工具,而智能工具又取代了动力工具。现代信息网络就是一种最先进的智能工具。

(三)劳动对象是不可缺少的生产要素

它来源于自然界,其发展又不限于自然界的供给,人造材料的种类和数量在不断增加。但新的劳动对象的发现,原有劳动对象利用的改进,都离不开信息与知识的作用,而且,信息与知识本身也可以作为劳动对象加以开发和利用。这种作为劳动对象的信息与知识,以及它们经过加工后所产生的产品,增长极其迅速,不像物质型或能量型劳动对象那样要受蕴藏量的限制。

(四)科学技术是生产力中起革命作用的因素,被称为"第一生产力"

它通过劳动者的科技水平、劳动工具的科技含量、劳动对象的开发利用对科技的依赖程度,对生产力发展有全面的决定性影响。但科技成果本身却体现着信息与知识的力量,它在社会生产中的推广应用也要依靠信息的作用。没有信息(包括科技情报信息)的帮助,科技将一筹莫展。在科技大家族中还出现了信息科技,它作为高科技的代表在整个科技中富有强大的生命力,其先导作用和渗透作用日益明显化。

(五)教育是生产力中长期地和潜在地起作用的重要因素

百年大计,教育为重。它关系到人力资源和科学技术的发展。但教育是传授和分配信息(系统化知识)的过程,也是传授如何获取和加工信息(方法)的过程。因为在教育过程中,要使被教育者分享或共享人类所积累的有用信息,所以,信息交流也可以说是一种教育活动。教育与信息是相互交融的。

(六)管理是通过对劳动者、劳动工具、劳动对象,以及它们的组成

元素进行组合、协调,以发挥其综合效益而促进生产力发展的

管理的关键是决策,而决策的基础是信息。只有掌握管理对象、管理环境、管理目标、管理过程和管理效应的信息,才能进行科学的决策和有效的调控。管理本身就是一种变换信息的信息活动过程。另一方面,信息及其系统也是管理的对象。信息管理是生产管理的基础和前提。

(七)信息与知识是生产力最重要的软要素

所谓软要素,是指它不仅本身直接构成生产力的要素,而且它还间接地对生产力的硬要素产生重大影响,甚至是决定性影响。所谓最重要的软要素,是指它不仅仅是个重要的软要素,而且它还对其他各个软要素产生重大影响,甚至是决定性影响。信息与知识对生产力或生产的作用,一方面是通过内在的渗透和外在的转化,对生产力其他各要素的决定性影响来实现的;另一方面又是通过对生产力各要素的有序化组织和总体性协调来实现的。其作用的特点是:(1)间接作用与直接作用相结合,以间接作用为主。(2)隐性作用与显性作用相结合,以隐性作用为主。(3)长期作用与短期作用相结合,以长期作用为主。(4)综合作用与单项作用相结合,以综合作用为主。信息与知识产生这种特殊作用的关键在于:客观与主观相结合,物质与精神相统一,它体现了物质变精神、精神变物质的转化过程。

如果把上述生产力7要素(3个硬要素和4个软要素)放在一起,写成一个生产函数式,用 Y 表示产出,用小写字母 l、t、o,分别表示劳动者、劳动工具、劳动对象各硬要素,用大写字母 S、E、M,分别表示科技、教育、管理各软要素,用联结的大写字母 I－K 表示信息与知识这个最重要的软要素,则有:

$$Y=f(l,t,o,S,E,M,I-K)$$

由此可见,信息技术促进生产力发展的作用,要依靠生产力各要素

品质的提高和功能的发挥,但最重要的是,基于信息技术激活的信息与知识所发挥的作用的最大化和最优化。

第三节　信息技术的评价与选择

对信息技术进行评价,是为了选择适用的信息技术,以增加收益、减少风险,使收益费用比最大化。

信息技术评价按它在信息技术使用过程中所处的阶段,分预评价、中期评价、后评价3种方式。

预评价是对拟采用的信息技术进行可行性研究,分析采用该信息技术后在经济上是否合算有利。当然,在评价中还包括对该信息技术的技术性能的评估。

中期评价有正常的和非正常的两种情况:前一种情况属阶段性评价;后一种情况是因采用过程中发生重大问题,而考虑是否继续采用该信息技术的问题。

后评价具有总结性质,其目的在于为今后采用信息技术指明方向,以取得更好的效果。

评价方法一般采用专家评价法、经济模型法,以及这两种方法相结合的组合评价法。通常多用组合评价法,因为它能对采用的信息技术进行多角度、多方法的评价。

对信息技术的评价同信息系统的评价极其类似,但前一种评价由于它的对象限于单项技术要简单得多,而后一种评价的对象是复合型的,不仅有各种信息技术及其组合的评价,而且还有信息内容组织方式的评价,所以评价变得很复杂。

信息技术评价固然重要,信息技术预测对国家来说则尤为重要。评价是为了选择,而预测是为了发展。预测有误,发展就会走弯路。对个别企业来说,信息技术评价很实用,但对整个社会来说,信息技术预测具有重大的指导意义。我国在信息技术的研发与应用中,曾因没有及时地预测到个人计算机技术、移动通信技术等的个性化、大众化信息技术的发展趋势,而使计算机产业和通信产业在前沿领域的开拓一度处于被动状态。当然,技术发展的不确定性很大,而信息技术日积月累、日新月异的特色又非常明显,要搞准信息技术预测是很难的。但再难也要搞。信息技术预测有利于从宏观上正确选择信息技术的发展方向。

为了正确选择信息技术的发展方向,目标有必要动员和组织相关的科学家与技术专家,积极参与中长期科学和技术发展规划的研究与制订,瞄准科学前沿,预测技术发展,确定将对国民经济和社会发展产生全局性重大影响的技术攻关项目。同时,也有必要鼓励和支持企业尤其是有实力的大型企业集团,自主研究发展新的关键技术和核心技术,重视企业的技产储备。预测未来的最好方式是创造未来。

第二部分 信息管理

第十二章　信息化中的经济和管理问题

第一节　信息化与改革、开放、发展的关系

中国学术界讨论信息化问题是从 20 世纪 80 年代中期开始的,比发达国家晚了 20 年左右。中国政府大规模推进信息化建设是从 90 年代中期开始的,大概比发达国家也晚了 20 年左右。到了 2000 年 10 月,党的十五届五中全会通过了关于制定国民经济和社会发展第十个五年计划的建议,把信息化提到空前重要的高度。这表现在与以往党的文件相比有这样几点新的精神。首先,把国民经济信息化的提法全面扩大为国民经济和社会信息化;同时,把推进信息化视为覆盖现代化建设全局的"战略举措",实现产业优化升级和工业化、现代化的"关键环节";要求把信息化"放在优先位置";强调要抓住信息化这个很重要的历史性"机遇";提出"以信息化带动工业化,发挥后发优势,实现社会生产力的跨越式发展"。

2001 年 8 月,中共中央、国务院为进一步加强对推进我国信息化建设和维护国家信息安全工作的领导,决定重新组建国家信息化领导小组。该小组在第一次会议上,提出了推进信息化必须遵循的坚持面向市场和需求主导、政府先行以带动信息化发展等各项方针。该小组第二次会议讨论通过了《国民经济和社会信息化专项规划》《关于我

国电子政务建设的指导意见》,并讨论了振兴软件产业问题。

无论是学术界的讨论,还是党和政府的部署,信息化都是同经济发展、社会进步紧密相连的。信息化与发展的关系十分清晰。信息化要以发展为中心,为发展服务;而在信息时代,发展又根本离不开信息化,发展必须依靠信息化。

至于信息化与开放的关系,也是不言而喻的。中国引入信息化的理论和方法、观念和做法,这本身就是对外开放的产物或成就。反过来,信息化的实施进一步促进开放,使中国日益国际化、全球化。国家信息化是和全球信息化分不开的。随着信息化的推进,中国将以更深的程度融入世界经济和国际社会。

但是,信息化与改革的关系,一直没有引起足够的关注。尽管对电信体制改革问题讨论得不少,它涉及自然垄断行业的管理问题,与信息化工作的推进有一定关系,但仍不足以反映改革与整个信息化的关系。按理说,信息化就是最大的改革、更高层次的改革。它要经过漫长的历史时期,逐步把工业经济改革成为信息经济、工业社会改革成为信息社会。它涉及产业结构、经济结构和社会结构的改革。这是信息革命的必然趋势,是不以人的意志为转移的客观规律。而我们现在所说的改革,是指高度集中的计划经济体制转变为社会主义市场经济体制的改革,是具体的经济管理体制的改革。至2000年底,我国已宣布初步建立了社会主义市场经济体制,但体制改革任务仍很艰巨,正如有人说的那样,"改革正在过大关"。

研究改革与信息化的关系,目前,还不是主要考虑不同层次的改革及其相互关系的时候,而是要着重探讨改革深入程度是怎样制约或促进信息化发展的,以及信息化不断推进又是怎样成为改革的驱动力量,甚至成为改革的一种重要的特殊形式的。例如,企业改革滞后,严重影响企业信息化的成效,政府职能转变缓慢,极大阻碍电子政务的实施,电子商务推动贸易方式变革,远程教育促进教育制度变迁等等。任何政府部门和企事业单位的信息化,都会提出业务流程重组、资源要素整合、组织机构变革的要求,而任何体制和机制改革的失误、停顿、滞缓,都会影响到信息化的正常发展。因此,信息化的顺利推动与改革步伐的加快,是互为因果、彼此促进的关系。

从信息化与改革、开放、发展的关系可以得出结论:不能就信息化论信息化,必须把信息化同改革、开放、发展结合起来,在互动中求得共同前进。

第二节 信息化中的经济和管理问题研究

信息化关系到社会和经济的转型,不能脱离改革、开放和发展。因此,尽管技术问题在信息化中非常重要,但信息化,主要不是技术问题,更多的和较难处理的往往是经济问题和管理问题。经济问题涉及权力结构和利益格局的调整,其解决还需要克服习惯势力的惰性,而管理问题涉及应对环境、调度资源、确定目标并加以实现等复杂过程。因此,对它们必须引起高度重视。

一、就经济问题来说,要研究的主要有

(一)有中国特色的信息化道路

什么是信息化道路?有中国特色的信息化道路怎么走?在中国搞工业化时,曾提出过工业化道路问题。毛泽东同志认为它"主要是指重工业、轻工业和农业的发展关系问题"[①]。江泽民同志又在党的十六大报告中提出了"以信息化带动工业化,以工业化促进信息化"的"新

[①] 《毛泽东选集》第5卷,第400页,人民出版社1977年版。

型工业化道路"。那么,搞信息化本身有没有信息化道路问题? 如果有,主要是指什么关系? 是不是要正确处理信息产业与传统产业,以及信息产业内部硬件业、软件业、服务业之间的发展关系。除了这些关系外,像信息化与工业化的关系、信息技术与信息资源的关系、信息化过程中全面推进与重点突破的关系,以及自主发展与国际合作的关系等等,是否也与信息化道路有关。至于走有中国特色的信息化道路,那就要考虑外部环境变化和内部结构调整,考虑人均国内生产总值还只有800多美元、城市人口比重仅为38%,以及地区间、城乡间的发展,和各阶层收入、财富分配很不平衡等一个发展中大国的诸多特点,正确处理信息化建设规模与经济发展现实水平的关系,使两者走上良性互动的轨道。总之,要积极探索出一条中国搞信息化切实有效的成功之路。

(二)信息工作的体制与机制

体制与机制乃是信息不对称条件下的制度设计或制度安排问题。它对参与信息工作各方有重要的激励和约束作用,为在公平、公正、公开的原则下,使信息化顺利推进不可缺少的"游戏规则"。无论在信息基础设施的建设与经营、信息产业的建立与发展、信息技术的推广与应用,还是在信息资源的开发与利用、信息人才的培养与使用中,以及政府部门、企事业单位等信息工作的管理与经营中,人们经常为体制不顺、机制不活引起的矛盾所困扰。体制与机制还需随着时间的推延与环境的变化进行调整和更新,决不能长期固定不变。一般研究财经、金融工作体制和机制问题多,而与财经、金融工作发展相适应的信息工作的体制(如电信业、软件业、计算机产业、信息服务业和信息中心的管理体制等)和机制(如信息企业经营机制、信息资源开发机制、信息工程项目或应用信息系统建设的外包机制等等)问题的研究相对较少,具有一定前瞻性的体制(如电脑、电视、电话三网融合体制等)问题研究更少。这些问题正变得重要起来,亟须加强研究。

(三)效益评价及其方法

任何人类活动都需用经济原则加以评价。所谓经济原则就是以尽可能小的代价获取尽可能大的效果。这一原则的实现程度在经济活动中一般采用成本效益分析来测定。搞信息化要有大量的投入,但它带来的产出有多大,就需加测算,并应拿它与投入相比较。信息化如果不讲究效益,那么,就会造成极大的浪费,以至败坏信息化的名声。最近,吴邦国同志正确指出:"能否取得实效,是衡量信息化是否成功的关键,也是信息化工作的最终标准"。[1] 为取得实效,就需控制和降低成本、争取和增加效益。但对信息化或信息化工作来说,成本、效益的计算、测定,既复杂又困难,尤其是机会成本、多层次的间接效益,有时简直无法量化。社会效益比经济效益更难衡量。所以,必须认真研究科学的评价方法。要从定性研究与定量分析的结合入手,建立评测指标及其体系。这方面能否取得进展,在很大程度上取决于评价任务的细分与综合,以及研究工作经验的积累与升华。

(四)缩小数字鸿沟以及与其相关联的收入差距和财富差距

对数字鸿沟有各种理解。最窄的理解是联网、不联网的分割,最宽的理解还包括信息获取、教育程度以至人力资源开发的差别。归纳起来或综合而言,数字鸿沟实际上是利用现代信息技术和信息资源并从中获益的能力差距,简单地说,也是一种信息差距、知识差距。它一方面是不同的国家、地区、民众间原有经济和文化、收入和财富的差距造成的结果;另一方面又是捕捉发展机遇和由于挖掘可用资源的不平等而导致经济、文化和收入、财富的差距进一步扩大的原因。数字鸿沟的存在和扩大,必然会使强者越强、弱者越弱,富者越富、穷者越穷,使落后者进一步边缘化,处于孤立状态。所以,缩小与弥合数字鸿沟,是人

---

[1] 《人民日报》2002年7月27日第2版。

类共同发展的必然要求。但在发展过程中数字化差距总是存在的,很可能先扩大后缩小,显现出倒"U"形的轨迹。发展中国家有数字鸿沟,发达国家也有数字鸿沟,而且这个概念本身就是由美国于1999年针对国内情况提出来的,很快被广泛接受后便扩大了它的内涵和使用范围。尽管发达国家的数字化水平远高于发展中国家,但发达国家内部的数字鸿沟不见得就比发展中国家小。发展中国家面临着同时缩小外部数字鸿沟和内部数字鸿沟的双重任务。对发展中国家来说,缩小内部数字鸿沟可以发挥网络效应和激发整体潜力,而更有利于缩小外部数字鸿沟;相反,内部数字鸿沟的扩大,或者说,数字化、网络化非均衡发展程度越大,外部数字鸿沟的缩小就越困难。如何变数字鸿沟为数字化机遇,是需要认真研究的重要问题。

二、就管理问题来说,要研究的主要有

(一)信息项目管理

大量性质各异、规模不等的信息项目,如骨干传输网络建设项目、"金"字系列大型信息工程项目、各种数据库开发项目、不同信息系统应用项目等,它们的管理同传统的工业项目或工程项目的管理相比,既有共性又有个性。共性如都需由项目负责人在一定资源约束下,为完成一定目标通过计划和组织、控制和协调,而实施项目任务;个性如在管理中,明确用户需求和任务边界较为困难、系统集成和信息整合至关重要、项目完成后维护更新必须跟上等等。但这些特点却常被忽略,以致影响项目取得成效,甚至使项目中途夭折。所以,需研究信息项目不同于工业项目特殊的管理规律性。

(二)信息资源管理

这个问题的研究在国外始于20世纪70年代,在我国则于80年代末90年代初形成热潮。当时,全国建设国家经济信息系统等12大信息系

统,为有效地开发利用信息资源,把信息资源管理提到重要日程上,并把信息资源的含义从单纯的信息,扩展到与信息周转过程相联系的设备、资金、人员等资源。接着,图书馆学与情报学界也参加了信息资源管理的研究,一时间不少科技情报等单位还改名为信息研究机构。从当前发展需求看,在信息资源管理的研究中,有必要把重点放在政府信息总资源管理上。同时,还应研究网络环境下信息资源管理问题,以及基于信息管理或与信息管理相联系的知识管理问题。变个人知识为组织知识,促进信息交流与共享、知识转移与扩散,以提高个体与群体的创造性,为创新奠定基础,乃是知识管理的一项重要任务。此外,从理论上看,改进信息结构以提高信息效率,也是信息资源管理中需要研究的问题。

(三)信息人才的培训和选拔

信息化是人才密集和人才依赖型的事业。信息人才是分档次的,有信息主管、信息专业人员、一般信息工作者,其构成需合理化。对他们的知识结构与工作能力应有不同的要求。对他们的培训要采用多种途径,而对他们的选拔也需用多种方式。信息人才的知识要有"广""专""新"的特点,而其能力应以"参谋""协调""表达"为特长。这方面的问题比较具体,需作专门研究。同时,还需研究如何向民众普及信息知识、提高他们的信息意识和信息能力等问题。

(四)信息政策的制订和实施

四五年前,我曾提出过加快信息政策发展的建议,其中有个重要内容就是强化和完善信息政策的系统研究和广泛宣传,研究信息政策的理论和方法等①。随着信息化进程加快,信息政策正在成为日益重要的新类型的政策。尤其是国家信息政策,作为政府实施宏观的信息管理的指南,为发展信息技术、管理信息资源和提高信息化水平以促进科

---

① 乌家培:《信息经济与知识经济》,第178页,经济科学出版社1999年版。

技进步、经济增长和社会繁荣所不可缺少。信息政策在规范和调控信息行为方面的作用,既比它据以制订的信息法律来得快,又比体现其原则的信息规章制度来得大。拿美国来说,它的主要信息管理部门主要是靠政策来管理全国信息活动的。我国的信息政策始于1991年,以往发展比较滞缓且不全面。自国家信息化领导小组成立后,接连出台了一系列重大的信息政策,如鼓励超大规模集成电路和软件产业发展等政策。但在新的信息环境下,尤其是在网络环境下还应进一步加强对信息政策及其稳定性、连续性、配套性的研究。

以上列举的需研究的信息化中的经济问题和管理问题,实际上是互有联系的,有时,还难以分清究竟是经济问题还是管理问题。因为管理问题往往是经济问题的延伸和具体化,而经济问题经常是管理问题的基础和核心所在。但无可否认,这两类问题还是有一定区别的。尽管如此,对它们的研究,均需立足实践,以观念创新为先导,以理论创新和方法创新为内容,以服务于信息化实践为目标,加快我国社会主义现代化建设事业的发展。

第三节　大力发展信息经济学和信息管理学

1989年,在中国信息经济学会成立大会上我曾呼吁"加强信息经济学的研究",同年第9期《经济学动态》刊登了以此为标题的论文。13年时间过去了,信息经济学在我国已有一定的发展和影响。例如,全国哲学社会科学规划办公室编的《哲学社会科学各学科研究状况和发展趋势》(学习出版社1997年版),已把信息经济学列为应用经济学中24个分支学科中的第19个分支学科。当然,信息经济学不仅与应用经济学有关,而且还与理论经济学有关。传统经济学视信息为常数,而未把它当作重要的变量。如果把信息的不充分性、不完备性、非对称性、有成本等 4 个重要特点作为假设条件单独地或联合地引入经济学,那么,理论经济学的一系列结论都需作相应的修改和发展。信息经济学通过为经济学提供新视角和创立新理论,正在促进经济学的新发展。信息经济学包括信息的经济研究、信息经济的研究、信息与经济间关系的研究。所研究的问题既有微观的又有宏观的,既有理论的又有实际的。1996 年和 2001 年度诺贝尔经济学奖授予委托代理理论和信息非对称理论的原创性研究成果后,使信息经济学在经济理论界引起广泛的重视。与此同时,由于信息化热潮在全世界尤其是在我国如火如荼的高涨,也使学术界和产业界对信息经济学产生了浓厚的兴趣。在这种形势下,大力发展信息经济学既有客观的需要,又有现实的可能。

信息经济学与信息管理学关系密切,相互渗透的现象颇为常见。信息经济中有管理问题,信息管理中有经济问题。这些问题需要信息经济学与信息管理学共同研究,在合作中求发展。但信息管理学(产生于 70 年代末 80 年代初)的历史,相对而言,比信息经济学(出现于 50 年代末 60 年代初)短一半左右。现代信息系统及其建设的兴起,推动了信息管理学的发展。学术界的注意力从图书馆管理、情报管理逐步转移到数据管理、信息管理、知识管理上来。信息管理学又称信息资源管理学。在英国等欧洲国家多用前一个术语,而在美国则多用后一个术语。这是基于信息管理与信息资源管理具有类同内涵的认识。但有些学者认为信息资源管理只是信息管理的一部分内容,或者相反地认为信息管理只是信息资源管理的一部分内容,这时,信息管理学就与信息资源管理学有所区别了。所以,探讨信息管理学的研究范围,确立信息管理学的学科定位,并在研究国内外信息管理重大问题的基础上,明确信息管理学的理论体系和研究方法,已成为迫切的任务。同时,为发展信息管理学,还需加强信息管理学专业建设,包括大力培养这个专业领域的研究生。

第十三章 信息管理同数据管理、知识管理的联系与区别

信息革命正在改变人类的生产、生活、工作、学习和思维方式。在这一改变过程中,数据、信息、知识的重要性日益增加。把数据转化为信息,把信息转化为知识,把知识转化为财富,这已经成了各行各业创业者的座右铭。信息技术及其扩散的作用,就是通过这些转化所产生作用的增强而增强的。但数据、信息与知识无一不是需要管理的。它们既是管理的基础,又是管理的对象。只有通过有效的管理,它们的作用在信息技术的帮助下才能发挥得更好、更充分。那么,数据管理、信息管理、知识管理三者之间有何联系,有何区别,是怎样逐步发展过来的,不同组织或单位应怎样同时搞好这三项管理。这些问题是需要探讨的。

第一节 数据管理及其重要性

数据是事实的反映。它产生于各项业务活动和管理活动之中。由原始记录开始,经过不同层次的整理加工,形成种种可用的数据。狭义的数据仅指数据资料,如时间数列数据、横截面数据、综合型数据等。广义的数据还包括文字资料,如调查报告、研究文献、书报刊资料等。

在计划经济时期,国民经济管理和企业管理常用的数据,主要来源于统计、财务会计、业务核算等三大系统。到了市场经济时期,数据的

来源极大地扩展了。国际互联网成了世界最大的数据平台。

从数据的供求情况看,一方面供应量不断增大,日积月累,越来越多,出现了数据"海洋";另一方面需求日益多样化、个性化,而且对数据的需求有一个特点,即在数据使用中会诱发对数据的新的需求,促使消费数据的"胃口"越来越大。

面对这种局面,经常会出现,要用的数据找不到,而无用的数据一大堆。没有管理或管理失效的数据,越多越糟糕,它意味着重复、冗余、浪费、质量无保证、变成了"垃圾",根本达不到数据供给满足数据需求的目的。

数据管理是一切管理的基础。许多单位管理工作搞得好不好,往往同数据管理基础工作是否扎实有关。许多单位实施信息化的成败,除了受业务流程有无重组以及重组效果大小等其他因素的影响外,重要的关键之一也在于数据管理工作的基础一开始有没有打好。比方说,是否制订和执行了数据规划,对本单位内的数据是否进行了规范,数据的定义是否明确,数据元素的标准是怎么确定的,各种数据有无统一标准和统一编码,是怎样减少或消灭重复和冗余数据的,数据结构优化了没有,数据库建设和维护更新搞得好不好,数据使用的协调工作做得怎么样,数据管理同本单位管理目标一致程度如何,怎样更好地为单位总的管理目标服务,等等。

在数据管理中,数据的自动化处理,是一项不可忽视的重要内容,但电子数据处理(EDP)并不等于数据管理。数据管理的内容要丰富得多。从数据管理的全过程看,它包括5个重要环节:第一是生成数据的数据源;第二是传递数据的数据流;第三是储存数据的数据库;第四是配置数据的数据网络;第五是分析数据的数据应用。数据管理必须开辟数据源、促进数据流、搞好数据库、发展数据网络、加强数据应用。只有这样,才能最大限度地发挥每一个数据的作用。

仅就目前我国数据库的建设、维护、更新和应用这一项数据管理的状况来说,就不够理想。无论是公用的、公益的、商用的数据库总量来说,都比发达国家少得多,由于更新、维护工作跟不上,"空库""死库"的比例并不低,至于数据库的应用频率和效果虽有高的和好的,但存在很多不尽如人意的情况。

说到底,改进数据管理的根本还在于:端正对数据管理重要性的认识;改进政府在数据管理方面或者扩大一点说在信息资源开发和利用方面的政策;在适度扩大数据管理人员队伍的同时,不断提高数据管理人员的素质和水平。

第二节　信息管理及其发展

数据同消息、情报、新闻、信号等其他的信息载体一样,通过排列、整理、比较、分析、挖掘,才能得到其内涵的信息。并不是任何数据对任何人都意味着信息的存在。如果说,数据的作用在于提供情况,那么,信息的作用则要进一步减少或排除不确定性,以提高决策的科学性。党的十六届三中全会指出,要树立全面、协调、持续、科学的发展观,切实抓好发展这一执政兴国的第一要务。为此,我们必须改善和加强有效的信息保障,把发展过程中的不确定性以及与其相联系的风险降低到最小限度。

但信息总是不充分、不完备、非对称、有成本的,要为政府部门、企事业单位等组织提供有效的信息保障,有必要在信息化过程中切实抓好信息管理工作。

信息管理是在数据管理基础上发展起来的,但它的内容比数据管理丰富得多。现代信息系统的建设极大地推进了信息管理的发展。有效地开发和利用信息资源是信息管理的一个重要目的。

第十三章 信息管理同数据管理、知识管理的联系与区别

信息管理又称信息资源管理。在英国等欧洲国家多用前一个术语,而在美国则多用后一个术语。尽管在学术界个别学者认为这两者有些区别,有的认为信息资源管理只是信息管理的一部分内容,相反,有的学者却认为信息管理只是信息资源管理的一部分内容。这种分歧同他们对信息和信息资源的狭义或广义的理解有关。广义的信息除社会信息外,还包括自然信息。广义的信息资源除信息内容外,还包括与信息流转过程相联系的人、财、物等其他资源。为简化起见,我们在这里只讨论社会信息(包括经济信息)内容本身的管理问题。

从历史上看,信息管理可追溯到古代国家在公共管理中,对记录从产生到销毁全过程控制的记录管理。还有历史上延续至今的档案管理、文书管理,以及图书报刊、科技情报、文献和其他文字的或视听影像的出版物的管理,都与信息管理有关。但与信息系统、信息网络相联系的现代意义上的数字化信息管理,其历史要短得多,到20世纪70—80年代才出现。

"信息资源管理"一词,最早是在美国联邦文书委员会1997年出版的《信息资源管理》专题报告中提出来的。以后,美国1980年通过的《文书削减法》对这个新概念正式加以肯定,并授权每个政府部门委派一名相当于部长助理的官员担任首席信息官(CIO),负责本部门的信息资源管理工作。后来,美国企业也出现了CIO这一重要职位。当前,我国各界正在积极呼吁和酝酿要建立企业的CIO制度。中国信息协会为此还成立了企业CIO分会。

现代信息管理是在传统信息管理的基础上,伴随着现代信息技术的发展、现代管理理论和实践的发展而发展起来的。在这一发展过程中,由于反映发展阶段的认识的差异,出现过不同的信息管理学说。例如:

1. 技术集成学说

认为信息管理的发展决定于先进信息技术的引入、推广、更新和集成,信息管理就是以计算机系统或网络为基础的管理信息系统(MIS)的延伸,偏重于信息技术或信息系统以及与它们相关联的资源的管理。

2. 信息集成学说

认为信息技术虽很重要但只是工具或手段,信息本身即内容才起决定作用,信息管理不能局限于对电子化信息和组织内部信息的管理,而应运用技术的和非技术的方法,对处于从形成到处置整个生命周期中的全部信息(包括组织外部的信息),进行集成的管理,这种管理包括规划、组织、调配、指挥和控制等,并且要把注意力集中到信息资源使用的效益上。

3. 全面综合集成学说

认为信息技术和信息内容在信息管理中要通过融合趋向一体化,不仅电子数据处理技术、管理信息系统技术、办公自动化技术、电信技术、微机及其联网技术等要进一步一体化集成,而且来自不同信息源的一切类型的信息,包括已有信息与新获取的信息、组织内部信息与从外部得到的信息、电子化信息与传统手工处理的非电子化信息、正规的信息与非正规的信息等,也要进行综合集成。

比较上述3种学说,第三种学说更有利于推进信息管理的发展。那种简单地用管理信息系统即MIS取代信息管理系统(IMS)的观点和做法,对发展信息管理是有害的。

应当注意:信息技术部门要重视信息本身,而传统信息部门要应用现代信息技术;对各个业务单位或管理部门的信息工作要进行协调和集成,以便共同为实现组织的战略目标提供服务;还需把信息资源用到战略管理上去。信息管理的目标、战略、规划与组织,需同整个组织的目标、战略、规划与组织保持一致,并为之服务。

信息管理并非单一的专业性职能管理,而是复杂的综合管理,它本身就意味着跨部门的协调和集成,其目的是要解决所在组织的信息问题,并以其最小成本、最高效率实现该组织的目标。

在信息管理中,有技术、行政、经济、法律、政策等多种手段。其中,法律和政策这两种手段对国家范围的信息资源进行管理尤为重要。信息管理需要立法,包括成文法和案例法。发达国家十分重视信息立法工作。例如,美国从第95届国会到第98届国会,先后共颁布了92项有关政府信息系统建设、信息开发利用、信息交流与传播等方面的法律。对信息政策的制订和执行,也应引起高度重视。因为信息政策在规范和调控信息行为方面的作用,既比它据以制订的信息法律起作用来得快,又比体现其原则的信息规章制度产生的影响来得大。各国的主要信息管理部门一般多靠信息政策来管理众多的信息活动。

就企业信息管理来说,既要履行国家的信息法律,又要贯彻政府的信息政策,更应综合运用经济的、行政的、技术的手段,规范和调控企业的信息行为,开发和利用企业的信息资源,充分发挥信息在企业决策和发展中的作用。

第三节　知识管理及其未来

信息升华产生知识,知识激活产生智能或智慧。信息是知识的基础,而知识是信息的核心。不是知识包容信息,而是信息包容知识。知识乃是信息的一个子集。但20世纪末21世纪初,在知识经济大讨论中,国内外有一种观点,颠倒了这种关系,错误地认为信息只是知识的一个子集。因为该观点根据20世纪60年代关于求知的"4W"理论,把知识只分为"是什么"(know what)、"为什么"(know why)、知道谁(know who)、"怎么做"(know how)4类,认为前两类编码后可以归类和量度的知识才是信息。按照这种观点,前两类科学知识属于信息的范围,而后两类技术知识不属于信息的范围。实际上,前述后两类只可意会的隐性知识如关系、经验、技巧等,也是从实践中产生的信息(感性认识)为基础的,并非头脑里所固有的。根据英国科学哲学家波普(K. Popper)关于"三个世界"(客观物理世界、人类主观精神世界、客观意义上的概念世界)的理论,知识只存在于后两个世界,而信息存在于全部三个世界。其中第一世界产生的信息也为知识提供了原材料。知识理论中狭隘的信息观点,在实践中对信息管理向知识管理的发展,十分不利,而且由于割断了知识管理与信息管理的联系,对知识管理本身的发展也很不利。

1998年,我在国家信息中心一次座谈会上的发言中,曾说过,1987年信息中心的成立意味着其前身计算中心完成了从数据中心到信息中心的转变,随着今后信息经济与知识经济的发展,又要开始从信息中心到知识中心的转变。当时,有的同志不理解就反驳说,这是不是要把中心变成大学呢。其实,我的意思就是要把中心变成知识型组织,重视组织学习和知识创新,把信息管理进一步推向知识管理,以增强竞争优势。

1986年,联合国国际劳工大会首次传播了知识管理这个术语。1991年《财富》杂志发表了题为《脑力》的第一篇阐述知识管理内容的文章。《知识管理》《知识管理评论》等专业性杂志也纷纷在美国诞生。在美国等发达国家的高科技企业还出现了首席知识官(CKO)的职位。国际商业和金融界发起把2000年定为"知识管理年"。同年,我国国家自然科学基金委员会管理科学部把"企业知识管理问题研究"列为鼓励资助的研究领域。

知识管理与信息管理有联系但有区别。其区别表现在:信息管理偏重于信息资源的收集、加工、传递、储存和利用,而知识管理偏重于知识的获取、传播、运营、共享、应用和创新,特别是人才资源的管理,以发挥专业知识的作用和调动知识员工的创造性;信息管理侧重于对编码型显性知识的管理,而知识管理侧重于对意会型隐性知识的管理,重视智力资本和无形的知识资产;信息管理注重于信息技术的配置、运用和集成,促进信息交流和共享,而知识管理注重于组织学习、组织文化,促进知识转化、让渡和共享,把创新放在更突出的位置上。

在知识管理中需着重解决以下各主要问题:

1. 解决知识悖论

知识的创造成本很高,而知识的共享成本很低。为激励知识生产者需保护其知识产权以促进知识供给,但为发挥知识的社会效用又需扩大知识传播,实现知识共享,这是一个悖论。对知识产权保护过度,会造成对知识的垄断;片面强调无条件的知识共享却会导致侵权、盗版等行为。在两难选择中,应寻找合适的均衡点,妥善处理好保护知识产权和促进知识共享的矛盾。

2. 经营知识资产

知识可转化为专利、品牌、商誉等无形资产,它往往比有形资产更有价值,并同其他资产一样需要通过经营来增值。知识还可构成智力资本,它比物质资本或货币资本更有意义,也需要通过运作使它发挥更大的作用。

3. 激励知识员工

知识员工有更高的生产率,美国管理大师德鲁克(P. Drucker)认为,这一点对 21 世纪经济发展至关重要。但知识员工具有追求自主、喜爱创新,以及个性化、多样化等特点,需要有特殊的激励制度和分配方法。

4. 实现知识共享

知识对拥有者来说没有竞争性,对使用者来说没有排他性,它的作用伴随着交流和共享的程度的提高而提高。一个既定的组织,不仅同组织外部进行知识交流和共享很重要,而且组织内部个体之间、群体之间、个体与群体之间的知识交流和共享也很重要。但这是有条件的,需建立各种交流和共享的平台,改进相互信任关系,完善协调利益的激励机制,培植组织文化,把企事业单位或政府部门变成学习型组织。

5. 促进知识转换

知识可按不同标准进行各种分类。奥地利哲学家波兰尼(M. Polany)按知识能否通过编码进行传递这个标准,把知识分为编码型的显性知识和意会型的隐性知识。知识管理需要促进显性知识与隐性知识的互相转换和自我转换。美国加州大学伯克利分校的日籍学者野中郁次郎(Ikujiro Nonaka)认为,知识转换能促进知识创造。知识从显性到隐性的转换是内部化吸收性学习;知识从隐性到显性的转换是外部化的显示性展现;知识从显性到显性的转换是载体的变化,但与前两种转换相结合,有可能通过组合、集成而有所创造;知识从隐性到隐性的转换是头脑里的思考,但与最前面的两种转换相结合,有可能使知识通过扩散、共享而增值。

6. 引导知识创新

知识既是成果又是过程。随着知识更新速度加快,知识从生成到老化的生命周期在缩短。充分发挥现有知识的作用固然重要,不断创造新的知识尤为可贵。引导知识创新是知识管理的重要任务和主要目的。要为知识创新创造良好的环境(如组织的"内脑"与"外脑"相结合等环境)与宽松的氛围(如容许说错话、试验失败等氛围)。

当然,知识管理离不开技术,特别是包括数字技术、网络技术、智能技术在内的信息技术,但主要依靠的不是技术而是人,首先是人才。知识管理同任何管理一样也不是目的而是手段,它要为管理所基于的组织提高员工(包括领导)的素质和创新能力服务,为组织增强对不断变化的环境的应对能力、保持竞争优势、取得可持续发展服务。

我们必须清醒地看到信息管理往知识管理发展的必然趋势,以及当前知识管理发展的强劲势头。目前,国内外有关知识管理的书文犹如雨后春笋。虽然,在这些书文中,介绍、综合性的居多数,有的还只是把信息管理中"信息"两字改换成"知识"两字而已,但论述中确有相当一部分新内容比信息管理更有发展前景。我认为,知识管理首先是一种与新的管理范式(paradigm)相适应的新的管理理念,它将会改变战略管理的内容,还会使传统的职能管理(如财会管理、人事管理、行政管理等)和流程管理(如研发管理、供应管理、业务管理、营销管理等)面目一新。尽管知识管理首先产生于企业,但它同样适用于事业单位和政府部门。把数据管理、信息管理理解为对数据、信息或信息资源的管理,还说得过去;而把知识管理只理解为对知识的管理,那就会误入歧途了。

第四节　正确认识和处理三种管理的关系

美国哈佛大学教授诺兰(R. L. Nolan)在1977—1979年发展了他四五年前提出的著名的诺兰模型即信息系统发展模型,把数据管理与信息管理作为该模型6个发展阶段中前后相连的最终两个阶段。隔了好几年,美国另一位学者马香德(D. A. Marchand)继诺兰模型后,提出了信息资源管理功能演变模型,把整个20世纪的信息管理划分为4个(在政府)或5个(在企业)发展阶段,知识管理是继信息资源管理的最后一个阶段。

上述两个模型表明,信息管理是从数据管理发展过来的,而知识管理又是从信息管理发展过来的,3种管理发展过程的持续时间达半个世纪以上。应当说,这个过程还在发展中,是不会终止的,但会呈加速度态势。管理发展既有连续性又有阶段性,它是从低到高一个一个阶段地往前演变推进的。但对数据、信息、知识3种管理发展过程的认识,人们往往存在一种误解:以为它是高级阶段逐一取代低级阶段的过程;一个高级阶段到来后,原有的低级阶段就不重要了,甚至不存在了。其实不然,这3种管理的发展是顺序渐进地逐步累积发展的过程。它意味着:

1. 后一个阶段是在前一个阶段的基础上发展起来的;

2. 后一个阶段包含了前一个阶段的全部内容(如数据管理被信息管理所包括)或部分内容(如信息管理被知识管理所包括);

3. 各个阶段可同时并行存在,但其相对重要的地位逐一转让给后一个阶段。

为什么许多单位(包括企业)信息管理搞不好,这可能有诸多原因。但是往往数据管理的基础没搞好,在信息管理中遇到信息爆炸、信息过载的情况,又显得知识匮乏、缺乏知识管理的理念,不能不承认这也是一个重要原因。

必须充分认识到:数据管理、信息管理、知识管理的内容既有联系又有区别,它们各有其重要性,并且前行管理阶段总是为后续管理阶段服务的,但它们在整个组织管理中各自所占的比重会发生变化,随着前行管理阶段效率的提高和后续管理阶段发展速度的加快,后续管理阶段的相对重要性在提高。这种情况同第一、二、三产业顺序发展的情况相类似,前面产业生产率的提高是后面产业得以发展的基础,没有这个条件,后面产业发展时,回过头来还要对前面产业的发展进行"补课"。但话得说回来,在这个比方中有一点是不同的,即在三次产业顺序发展中,后续产业并不包括前行产业的内容。

总之,我们的结论是:要发展知识管理,必须先把数据管理的基础搞扎实,并使信息管理有个健康、快速、有效的发展。

第三部分　电子政务

第十四章 政府信息化与电子政务

2001年12月15日,国家信息化领导小组第一次会议提出了推进国民经济和社会信息化必须遵循的五项方针,其中有一项方针就是"政府先行,带动信息化发展"。我领会这有两层含义:一是在整个信息化工作中,政府要先行,起推动、引导、统筹、规划等作用;二是在各项信息化中,特别是政府信息化与企业信息化、社区信息化关系方面,政府信息化要先行,起示范、带动、促进、主导等作用。

第一节 政府信息化、电子政府、电子政务的概念

这是三个既有差别又有联系的概念。政府信息化是指工业社会的政府向信息社会的政府演进的过程。电子政府可理解为与现实政府相对应的虚拟政府或网上政府,如美国的 First gov. 也可理解为与传统政府相对应的新型政府。电子政务是指在政务活动中采用信息技术,实现网络化,通过政府信息交流和共享水平的提高,达到全面改进政府工作的目的。

可以说:电子政务是建立电子政府的必由之路,是政府信息化的主要体现;电子政务是手段,电子政府是目的,政府信息化是个过程。

我国惯用"电子政务"这个概念。国家信息化领导小组已通过《关于我国电子政务建设的指导意见》,并由国务院信息化工作办公室构建了我国电子政务的基本框架,包括两个平台、一个网站、四个数据库、

十二个大业务系统等。党的十六大把"推行电子政务"正式作为"深化行政管理体制改革"的重要内容,还要求"认真推行政务公开制度"。

政府信息化是个长期的发展过程。从信息技术推广应用的角度看,它从政府办公自动化起步,经过电脑联机,到互联网普及,设立政府网页、网站,直至政府内网、外网、专用网的结合而形成网络化;从信息资源开发利用的角度看,它从政府内部上下级间、职能部门间、公务员间的信息交流和共享,扩大到政府信息资源社会化,由政府向企业、公众提供政府信息和信息服务,以提高社会对政府工作的参与度和监督力度;从政府再造和政府创新的角度看,从促进政府职能转变、精简政府机构,增加政府工作透明度和公正性,提高政府效率和效能、降低政府开支、改进政府管理和服务,强化勤政和廉政建设,到工业社会的政府构架完成向信息社会政府构架的转变。以上这一切每前进一步就需要做大量的工作和扫清种种障碍,所以不是轻而易举的事情,而应坚忍不拔地坚持到底。可以说,政府信息化,也是政府随着环境的变化,依靠信息技术和信息资源以及两者的结合,更好地发挥政府作用,并借以提升政府自身的过程。

推进政府信息化的结果将是传统政府为电子政府所取代。对电子政府有两种理解:一种是与当今世界在工业社会形成的传统式政府相对应的将在信息社会产生的新型政府;另一种是与现实政府相对应的虚拟政府或网上政府。虚拟政府只是现实政府的补充与延伸,两者是并存的关系。当信息高速公路兴起时,人们曾把电子政府同电子商务、远程教育、远程医疗、电子娱乐一起列为信息高速公路的五大应用之一。这样的电子政府虽然随着网络信息和网络服务在政府内部和外部的互动发展,而使虚拟政府的作用迅速增长,但是政府的高层决策等活动仍需在网外进行,通过人际直接交往形成的现实政府还起重大作用。正如网络企业,不可能取代传统企业而必须与传统企业相结合一样,网上政府只有同现实的政府活动相配合,才能发挥其应有的作用。

在政府的政务活动中,采用先进的信息技术,实现信息网络化,通过政府信息利用和共享水平的提高,达到全面改进政府工作的目的。这就出现了电子政务的概念。电子政务是建立电子政府的必由之路,是政府信息化的主要体现,但电子政务这个概念更容易被理解,也更好接受。同商务电子化产生电子商务相类似,政务电子化就产生了电子政务。电子政务的出发点和归宿,乃是改进和革新政务。电子方式只是手段不是目的。决不能摆花架子,搞没有实效的电子政务。

国务院信息化工作办公室已制定2002年度工作要点,把实施电子政务列为重点工作之一。电子政务起步时,为了少走或不走弯路,向美国、日本、加拿大、新加坡等国家学习和借鉴它们搞电子政务的经验和教训,是必要的。例如,从中央政府做起,由中央政府统一筹划、建设电子政务平台,整合政府运作程序,建立单一的"电子窗口"向社会公众提供方便快捷的在线服务,使他们能从政府那里得到必要的公用信息,并通过专门的应用系统,如政府采购招投标系统、电子化税费缴纳系统、社会福利支付系统、电子邮递服务系统等,从各方面改变政府工作方式。

但是,世界各国没有统一的电子政务模式,我们必须立足国情,从实际出发,实事求是,探索创新,循序渐进地搞好自己国家的电子政务。首先,需要把电子政务的总体发展规划订好,明确指导思想、发展目标、基本原则、主要内容、实施步骤、技术和安全以及政策和法规等保障措施。其次,必须整顿和规范现行的政务流程,对行政审批方式、行政执法和行政征收方式、行政组织形式,以及行政决策机制等进行必要的改革,为实施电子政务奠定基础和搞好环境建设。尤其要克服"条块分割""系统封闭"等各自为政的陋习。搞电子政务是一场革命,绝非购置计算机、上网那么简单。重要的是整合政府信息资源,促进信息交换,加强信息沟通,使更多的人能共享信息。再次,应把政府部门公务员同电子政务工程技术人员结合起来,合作共建电子政务,缺少哪一方都不可能搞好电子政务。如果信息技术的应用同政府事务的需要相脱节,那么,电子政务的效果是不会好的。此外,电子政务量大面广、层次多、工程复杂,要先试点、后推广,以点带面。这样还可防止一哄而上,杜绝重复建设。据了解,广东省南海市(现为佛山市南海区——编注)电子政务应用示范工程已取得初步成效,他们的经验值得总结和参考。

向公务员宣传电子政务知识,特别是对公务员分期分批分级进行培训,是十分必要和非常重要的,可以说,这是推行电子政务的前提。电子政务能否取得成效的关键是人,尤其是政府的公务员。必须提高全体公务员对电子政务的认识。要使他们真正认识到,在纷繁复杂、瞬息多变的国际环境中,在快速发展、不断扩张的全球市场经济条件下,要增强政府的适应能力和应变能力,提高政府的宏观调控和为民服务的水平,关于电子政务已不是搞不搞的问题,而是如何搞得更好,以赢得我国政府在全世界的竞争优势这样一个头等重要的问题了。

上述的公务员培训,应形成制度,作为公务员上岗是否具备资格的一种条件。搞好公务员培训的一个重要环节,是编好电子政务的培训大纲和写好电子政务的培训教材。大纲应明确培训要求,教材则应适合公务员水平和需要。

推进和加快政府信息化,要做的事情很多很多。从电子政务抓起,从公务员培训着手,不失为一条现实可行的路子。

第二节 推进电子政务要讲战略、重实效、促协同

一、战略引路,齐心协力,共同实现电子政务发展总目标

从世界各国近几十年来电子政务的发展状况和趋势看,电子政务的建设、实施以及对它们的管理,是一项十分复杂而又非常艰巨的任

务。电子政务的发展,是个从传统政务向新型政务演进的动态过程,它具有全局性、长期性、可变化性、强协调性、难操作性等特点。

在积极推进电子政务时,为保证其健康、有序的发展,首先必须制定和执行全国统一的电子政务发展战略。要明确战略目标,突出战略重点,规定战略步骤,提出战略措施,以便在执行中有全局考虑、长远打算、整体协调、统筹规划。

国家信息化领导小组第二次会议近期讨论通过的《关于我国电子政务建设的指导意见》,体现了我国发展电子政务的战略思想,在贯彻落实过程中会进一步充实和完善。

发展战略需有统一的规划、方针和统一的标准、规范,并加以具体化,这在电子政务的基础设施建设、信息安全保障、应用服务项目等方面尤为必要。规划拟订需与经费安排相结合,所说标准既要有技术标准又要有数据标准。这一切都是防止各行其是、避免盲目重复建设、保证电子政务在互联互通中顺利发展所不可缺少的。

同其他信息化建设一样,发展电子政务也要立法先行。这是各国的共同经验。有关政府信息公开、个人隐私权保护、政务活动信息化、政府采购制度改革、政府外包机制建立、扶植本国信息产业发展等,都需及时颁布相应的法律法规。

"十五"期间,我国电子政务建设的目标是:初步建成标准统一、功能完善、安全可靠的政务信息网络平台;重点业务系统建设,基础性、战略性政务信息库建设取得实质性成效,信息资源共享程度有较大提高;初步形成电子政务安全保障体系,人员培训工作得到加强,与电子政务相关法规和标准的制定取得重要进展。

中央政府各部门以及各级地方政府,应紧紧围绕上述总目标,分类指导、分层推进、分步实施,要从实际出发,由需求来主导,用改革的精神发展电子政务,把着力点真正放在转变政府职能、重组政府业务流程和精简政府组织机构、加强政府有效监管和提供政府优质服务上。任何"刮风"和搞"花架子"的做法,务必坚决反对、切实制止。

二、实效为重,从建设、实施到管理,步步讲究效益

电子政务"务求实效",这是中央的方针。在电子政务的建设、实施、管理各个环节,都有实效问题。

在建设阶段,电子政务的项目同其他信息化工程一样,应作需求分析,进行成本收益评价,控制投资风险,以免项目失败导致巨额损失。在实施阶段,应节约开支、降低成本、提高质量、加快进度,力求以尽可能小的投入取得尽可能大的产出。在管理阶段,应使电子政务发挥最大限度的效用,既改进政府监管又优化政府对企事业单位和社会公众的服务。分开来说,从头到尾各个阶段的实效都很重要,是衡量电子政务成败的重要标志之一。整体上说,后续阶段的实效比起始阶段的实效更重要,因为对电子政务如果管不好、用不好,那么先前在建设或实施中产生的实效就体现不出来,甚至会被化为乌有。

电子政务不仅有经济效益而且还有社会效益,不仅有直接效益而且还有间接效益,应研究和建立相应的指标体系,加以考核分析。可以先易后难,从简单的做起。考核比不考核要好。那种认为电子政务的成本收益分析因难搞而不搞的认识,未必正确,因为人类的任何活动均需贯彻经济原则,即以较小的消耗取得较大的成果,电子政务也不例外,在其检测之后、使用之前同样需要评估,何况在成本收益分析的实践中,只有还没搞的问题,而无不能搞的问题。

在我国目前由政府批准拨款建设电子政务的现行体制下,强调搞电子政务要重实效,尤其不能有丝毫懈怠。这同自负盈亏的企业搞电子商务不一样,因为搞电子政务是在花国家的钱,有些政府部门往往比较慷慨而不吝啬;所以对他们的申报和用钱需从严审核,并通

过考评进行奖惩,按效益的大小好坏排定名次,公布于众,以供监督参考。

求实效贵在落到实处。比方说,在电子政务的建设和实施中,从费用与效果两个方面,对政府部门自建与找信息技术公司外包这两种模式进行综合的比较分析,以确定自建还是外包,或者把自建与外包结合起来分别确定它们所占的比重。又如在电子政务的组织和管理中,对不同安全系数需要付出的代价与可能取得的效用进行衡量和比较,以确定最适宜的安全度。事实上,安全系数低了固然不行,但也不是越高越好,太高了只会带来无谓的浪费。电子政务是逐步实现的,但每前进一步都有风险或回报,在发展中亟须控制和降低风险、争取和提高回报,这方面如无基本的度量和科学的分析,同样是要吃亏的。事实上,并非所有的政务活动都能电子化的,电子政务发展程度应在利弊得失的仔细权衡中稳步提高。

在电子政务的费用收益分析中,由于政务信息总是以政务活动为载体而发挥其重大作用的,这种作用又往往同其他非信息因素的作用交织在一起而难以分离出来,又由于社会效益是一种外部效益,较难准确度量,而间接效益的度量也需以一定假设条件为前提,且其扩展的层面不易确定,因此,研究电子政务的实效问题既要有定量分析,但又不能停留在定量分析上,还需依靠定性分析。有时,定性分析比定量分析更能解决问题。

三、协同至上,变阻力为助力,加快电子政务发展

影响电子政务发展的因素很多,既有技术因素、管理因素,又有体制因素、观念因素。其中,技术因素固然很重要,但在电子政务技术日趋成熟的今天,对那些相对滞后的管理、体制、观念方面的因素,尤其需要引起我们高度重视,它们往往是制约电子政务进展的"瓶颈"。

随着电子政务的发展,政府的管理要规范,政府的体制要创新,政府的领导与公务员以及社会公众的观念也要转变。各部分、各方面之间务必加强沟通,强调协作,发挥社会协同的力量和作用。

在政府变革与资源整合中,不可避免会触动现有的权力结构和既定的利益格局,这就需要认真对待和妥善处理。要明确认识到,政府是在公共领域代表公众利益行使公共权力的,以改进公共管理和搞好公共服务为目的。任何部门、地区或个人,均应识大体、顾大局,使政府在电子政务中扮演的角色优于传统政务中所起的作用。

推进电子政务所遇到的阻力,不仅有局部的或个体的权利抵触,而且还来自官僚机构、集权制度、腐化分子、习惯势力、人员低能等诸多方面。这需要有耐心,对症下药,逐个解决,创造条件使阻力变为助力。要搞好电子政务,不能就电子政务论电子政务,而应清除其发展道路上的障碍,并为其营造良好的发展环境。

这种发展环境可以有很多内容,如民主制度、适当分权、勤政廉政建设、改革创新的意识和体制、干部培训工作等,但其中对电子政务来说,最重要的内容莫过于社会协同问题,包括政府及其各部门的内部、中央政府与地方政府之间、地方政府相互间,政府与企事业单位、社会团体、行业协会、其他非政府组织之间,以及政府与社区、公众之间的协同关系。协同的含义包括协调、互动,以及为实现共同目标的配合、默契,步调一致的行动。

四、当前推进我国电子政务发展的若干建议

当前,无论从我国政府本身的职能转变要求来看,还是从世界各国政府相互竞争加剧的趋势来看,发展电子政务已刻不容缓。但是,电子政务是个复杂的新事物。在推行过程中,既要积极又要慎重,既要大量投入又要讲究效益。"讲战略、重实效、促协同"是发展电子政务不可

忽视的三个主要原则。其中,重实效既与实现战略目标有关,又与解决协同问题有关。尽管战略、实效、协同各有自己的内容和要求,但抓住了实效这个中间环节,不仅体现了战略和协同的结果,而且还能带动两头,促进战略和协同的实现。

为推进我国电子政务的发展,除贯彻落实上述三个原则外,我们还有以下若干建议:

(一)加强对电子政务的研究

电子政务同电子商务一样是出现才几年的新事物。对它切忌人云亦云,"以其昏昏、使人昭昭"。事情还没弄明白,基础还没打扎实,就茫然行动、一哄而起、大刮其风。开始时"热"得要命,过了一阵就冷下来了。电子商务的前车之鉴,可为电子政务的后事之师。所以,研究要先行,这也是必要的基础工作。既要考察其他国家的电子政务是怎么搞起来的,有什么经验教训值得我国学习借鉴;又要研究我国政务活动的基础和现状,哪些部分适宜先搞电子化,哪些部分还需要创造条件。从研究、开发和教育、培训入手,防止和克服电子政务发展过程中的盲目性和主观性。

(二)明确开展电子政务的主体

电子政务,政务是根本。开展电子政务,需有信息技术人员的参与和帮助,也要依靠从事电子政务教学研究工作的专家学者的咨询和传授知识,但是其主体无疑应当是政府的公务员,他们最了解政务活动,实施电子政务同他们所做的工作密切相关,因此,他们最有发言权。关于传统政务向电子政务转变的问题,理应在广大公务员中掀起学习热潮、开展群众性大讨论,听取他们的意见。否则,难免有隔靴搔痒之举、喧宾夺主之嫌。只有当电子政务为全体公务员们接受和实践时,电子政务的发展才真正走上了轨道。当然,政府首脑层高瞻远瞩,对电子政务的重要性和必然性的认识,是强大的推动力量。

(三)摆正电子政务与传统政务的关系

电子政务比传统政务先进,它最终会在整个政务活动中处于优势而占据主导地位。但在一个长时期内,电子政务将与传统政务相结合而并存,电子政务是在传统政务的基础上发展起来的,它离不开传统政务的帮助与支持,但反过来,电子政务又会改造和提升传统政务。急于用电子政务取代传统政务是不现实的,政务活动不可能百分之百地变成电子政务。尽管网络政府的作用不断加强,但物理世界上的实体政府不可能消失。正确处理电子政务与传统政务的关系十分重要。

(四)关注两个结合:信息技术与信息资源的结合;信息技术与政府改革的结合

电子政务是把信息技术尤其是因特网技术推广应用到政务活动上。但在推广应用过程中,一方面必须同政府信息资源的开发利用和向社会开放相结合;另一方面还必须同政府改革包括政府职能转变、政府业务流程重组、政府机构改革相结合。这两个结合是推动电子政务的难点,也是发展电子政务的重点。

(五)兼顾加强政府管理和改进政府服务的需要,突出为用户服务这一中心

电子政务有两大基本功能:一是加强政府管理,包括政府内部管理和对外的公共监管;另一是改进政府服务,包括提供信息、信息服务以及其他公共服务。这两个功能不是相互排斥的,而是彼此补充的。管理是为了服务,服务可促进管理。但是,政府的神圣职责乃是为人民服务。因此,推进电子政务应突出以服务用户尤其是人民大众为中心。

(六)解决立法先行与立法滞后的矛盾

从认识上讲,谁都赞同建设电子政务要立法先行,但在实践中由于种种原因立法总是滞后的。一项法律从提出到立案、从起草到通过,往往旷日持久,望穿了眼还等不来。这次,国家信息化领导小组讨论通过

和公开发布《关于我国电子政务建设的指导意见》,是个明智之举。及时制定和执行一批行政法规和规章制度,有利于不失时机地指导和推进电子政务发展,并可为往后正式立法创造条件或奠定基础。

(七)先易后难、先简后繁,搞试点、抓典型,稳步推进电子政务的发展

这也是一条共识。但人们在总结经验和解剖案例时,一般多从成功中寻找启示,很少从失败中吸取教训,而后者对电子政务健康、有序、持续的发展往往更有意义,可使人们少付学费、不走弯路。

(八)高度重视安全问题

电子政务安全问题的重要性是不言而喻的事情,因为它关系到国家机密和社会安全。因此,推进电子政务要坚持两手抓,一手抓政务电子化,一手抓网络安全和信息安全。无论是外来入侵还是内部隐患,它们对安全的威胁都需有相应的防御体系和防范机制。总之,两手抓,两手都要硬。

第十五章　电子政务的全球展望与持续发展

我曾作为中国的唯一代表,应邀参加美国国务院贸易发展署(TDA)和国际开发署(AID)主办的、于2002年11月19—22日在华盛顿特区美国国务院办公大楼召开的"实施电子政务"国际会议。这是一次有来自世界40个国家150名代表的盛会。从会上我了解到一些情况,也得到了不少启示。

第一节　电子政务全球展望

根据对35个国家的调查表明,实施电子政务的重要性已为各国所认识,普遍认为电子政务可改进服务、提高效率、节约开支、方便群众、减少贪污、增加透明度、有利于民主、促进出口和外国投资、增强人力资本和社会资本的开发。但每个国家通过电子政务要达到的目的并不完全一致,偏重于透明度和民主的国家占58%,偏重于开展社会资本和人力资本的国家占15%,偏重于支持本国产业的国家占9%,偏重于促进出口的国家和偏重于增加外国直接投资的国家也各占9%。为实现电子政务的目的,各国对政策、管理、技术三个因素的重要性排序是一致的,如果政策对管理的重要性的比率为2∶1,那么,政策对技术的重要性的比率则为4∶1。

从各国实施电子政务的现状看,已建立全国性组织并定期举行会议的国家约有91%,已从各种来源取得资金可用于电子政务的国家约有62%,已能向企业和公民提供一定程度电子服务的国家约有54%,已制定和颁布全国发展战略的国家约有42%,拥有必要的政策和法规的国家约为38%,已能在国内进行跨部门政府作业的国家约为12%,能对电子政务项目回报进行评价和计量的国家只有8%。

在提供一定程度电子服务的国家中,存在的差别也不小。例如,有39%的国家能向企业提供一般信息,28%的国家可让公民在网上交易并在线支付,14%的国家其政府与企业、公民三者间已有联网互动关系,但通过网站完全实现改革的国家只占5%,而尚无政府门户网站以共享信息的国家仍有14%。

各国实施电子政务的最主要障碍首推"数字文盲",其次是公共部门和私人部门间的合作缺乏完善的程序。另外,资金不足也是难以实施电子政务的一个重要原因。在计量、评价和监控电子政务的成果方面还需作很大的努力。因为有较高投资回报的、影响大的、最终用户多而广的电子政务项目,往往是有效地推进电子政务的关键,反过来,电子政务的有效发展,又会促进国家实现其社会的和经济的目标。

电子政务即使对美国来说也是新一轮革命。自因特网从军用转向民用后,美国并没有一开始就关注电子政务问题。相反,由于企业竞争的需要,电子商务成了第一大热点。但在联网世界的发展过程中,人们很快发现,只有实施电子政务,才会全面改变政府、企业、公民三者之间的互动关系,把这种关系推进到一个新阶段,以达到用电子手段实现公共目标的目的。1994年前后,越来越多的美国政界高层人士,包括众多的参众两院的议员,纷纷指出实施电子政务,是优化政府业绩、激活民主力量的需要,是一次前瞻性浪潮,是美国的"新一轮革命"。自此以后,电子政务成了新的热点,并迅速向世界其他国家扩散。这说明,即使在美国,对电子政务的认识和电子政务本身的发展,也是有一个过程的。美国非常重视向全世界尤其是发展中国家和经济转型国家,推行电子政务的问题。发展中国家除了在本国内部实施电子政务外,同外国政府的联系方面,也有必要推动电子政务。

实施电子政务的关键在于成功地逐个抓好电子政务项目。要推进电子政务,设计、计划固然很重要,但关键还在于实施,要一个接一个地实施具体的电子政务项目。在实施过程中,要吸收企业和公民的积极参与,并应注重对项目成果的度量和评价。切忌空谈。美国的布什政府一共安排了互有联系的24个电子政务项目,正在分批逐项实施中。"第一政府"门户网站、电子采购、电子报税、在线养老抚恤这4个项目,公认是最成功的一批项目。这些项目都是跨部门的,成果导向的,不仅避免了重复建设、重复采购、重复管理,而且取得了显著的成效,提高了向企业、向公民提供信息和服务的质量,从而用实例显示了电子政务的威力和影响。

电子政务方面的国际交流与合作,非常重要。各国都在交流实施电子政务中官、产、学结合的经验,还在探索有关电子政务合作的途径。一些发展中国家最担心的问题是,怕在国际电子政务大潮中被边缘化。怎样做到国家不分大小、强弱、贫富在实施电子政务的国际交流与合作中有一个平等的地位,是值得关注的问题。

第二节 电子政务持续发展的决定因素

决定电子政务持续发展的因素很多,有政治的、经济的、技术的、文化的、组织的、观念的等各种因素。由于电子政务是基于政府组织的,组织因素有着特殊的重要性。这个组织因素可从以下两个方面进行考察:(1)领导电子政务实施的组织及其体系;(2)从事政府各种业务的组织结构及其变革问题。但组织因素像文化等其他因素一样,又是同

观念转变紧密地联系在一起的。从观念转变看,需要认识到以下4点:

一、整合、集成,高于分立、单处

现有的政府构架,基本上是在工业时代初期形成而后逐步演变过来的。当时,强调职能部门细化分工以提高工作效率,而今到了信息时代,实施电子政务成了人类迈向信息社会、数字经济的必然趋势,迫切要求资源整合、信息整合、功能集成、作业集成。在这种情况下,整合、集成,高于分立、单处。在推进电子政务过程中,首先要在观念上、工作中,完成向整合、集成的转变。

二、项目管理优于职能管理

以往的政府,实行的主要是职能管理方式,不同职能部门之间既有交叉、重叠之处,又有分离、割裂之弊。随着信息通信技术在政府内部的深入应用,引起管理变革,必然会兴起项目管理。项目管理是由项目负责人在一定资源约束下,为完成一定目标通过计划和组织、控制和协调,而实施项目任务的一次性管理方式。这种管理方式在赋予项目负责人足够权力的条件下,有利于解决多部门、跨部门的管理纠葛问题。这比较适宜于电子政务的实施。有人认为在21世纪的管理中项目管理将起重大作用。美国把复杂的电子政务工程分解为24个项目加以管理和实施,是有其深刻道理的。

三、外部信息胜于内部信息

在电子政务发展过程中内部信息要外部化,外部信息要内部化。政府执政为民,需向企业与公民提供信息,增加透明度,促进民主化。另一方面,政府为适应外部环境纷繁复杂的变化,及时正确地作出决策,又需把外部信息变为内部信息,并与内部信息相结合,使其为决策科学化服务。当然,外部信息与内部信息的划分始终是存在的。在战略的制订和实施中,外部信息变得越来越重要。政府搞电子政务同企业搞电子商务一样,由内部信息为主转向以外部信息为主,是不可扭转的发展趋势。

四、历史机遇大于现实挑战

大多数发展中国家在还没有完成工业化、现代化的条件下,迎来了信息化、全球化的现实挑战,这固然有其不利的一面,但从电子政务的实施过程看,从根本上改造政府、改进政府工作,有利于抓住历史性机遇,以较短的时间、较小的代价、较新的方式,来实现未竟的工业化任务,并通过数字化、网络化、智能化,把现代化事业推向前进。

第三节 正确处理电子政务实施过程中的各种关系

电子政务是当今世界一个新兴的永恒主题,应当说,我们的研讨还只是一个开端,一个良好的开端;还只是一种探索,一种可贵的探索。我们必须在现有基础上继续研讨、不断探索,力求在我国使电子政务取得更大的实效。

就电子政务而言,应当说:政务是根本,应用是方向,实效是关键,战略是前提,协同是要害,安全是保障。当前,人们对电子政务的预期很高。但是,人们还应当看到,电子政务的风险也很大,因为开始起步时难免有误导和盲目性,其效益较难测评和考核,现行体制下存在预算与监督的软约束,既定权力结构和利益格局的调整会产生阻力,以及领导人员任期短与电子政务建设周期长之间存在不一致,从而领导更替影响电子政务持续发展等等。因此,如何把上述风险降到最低限度,而把人们预期的实现,也就是电子政务的回报提到最高限度,是我们必须大胆面对和认真解决的问题。

电子政务本质上是一场深刻的革命。它不仅涉及作为最重要的公共管理即政府管理的体制和机制的改革创新,与政府管理现代化方方面面的问题都有关系,而且还影响到国民经济和社会的发展,与社会、政治、经济、科技、文化等其他问题也有关系。

因此,我们必须正确处理推进电子政务发展过程中已遇到或将要遇到的各种关系。只有这样才能使我国电子政务的发展风险低、回报高,达到经济、有效、可持续发展的目的。这些要正确处理的关系主要有:

一、现代信息技术与政府管理制度的关系

电子政务是现代信息技术在政府工作中的应用,但这种应用必须同政府管理制度的改革创新相配合,并为其服务。不能只重技术,不重制度。是技术重于制度,还是制度重于技术,则因时而异,需视情况发展而定,但切忌用技术手段去固化政府行政管理程序。采用的信息技术也不是越先进越好,以适用的经济的技术为宜。对所用的技术还要进行费用效益分析。特别是信息技术的应用务必做到3个结合:同政府职能转变相结合;同政府业务流程重组相结合;同政府机构变革相结合。运用信息技术促进政府管理改革创新,是发展电子政务的题中之义。

二、要素投入与产出效果的关系

发展电子政务,从建设、实施到管理,都需要投入大量资源,包括人财物和技术、信息等资源。对这种投入,不仅要有预算和监督、控制,不搞软约束而要使约束硬化,而且更重要的是需有相应的产出,尽管产出

往往较难量化和货币化,因为它会产生广泛的、深层的外部效应,但仍需努力建立和执行电子政务投入产出比的科学的评测指标及其体系,如政府信息互联互通和社会共享的程度、面向服务的应用系统的数量和利用率等等。这对电子政务的发展会起到好的导向作用,并能提高电子政务的实效。

三、自上而下与自下而上的关系

推进电子政务是政府行为,但需有企业和公众的积极参与。政府推动,决定了电子政务的进展是由上而下的,但需求导向,又促使电子政务的进展还必须由下而上。据了解,美国的电子政务主要是由下而上开展起来的,而韩国的电子政务则主要是自上而下推动起来的。近20年来,我国信息系统建设的经验也表明,自上而下(top down)必须同自下而上(bottom up)相结合,否则系统建设败多成少。过去我们常和加拿大信息专家讨论这个问题。电子政务实际上是一种开放式的信息系统,所以,它也要考虑自上而下与自下而上两种发展方式的结合问题,以及在什么条件、什么情况下,以何种发展方式为主的问题。广东省南海市本身电子政务的发展是自上而下推开的,它这个先行范例,对全国来说又是自下而上地开展起来的。如果只靠上面定方向、下指标,甚至发命令,而不创造环境,不鼓励和发挥下面以至最接近民众的基层的主动性和积极性,电子政务即使搞起来了,也是不能持久的。

四、网站网页建设与信息内容开发的关系

把以用户为中心的政府门户网站建设好,是实施电子政务的一项重要内容。上海市建设的"中国上海"门户网站已可链接143个政府部门和下级政府,以及其他省、市和中央部门的政府网站,并能提供查询办事指南、下载表格、进行投诉和咨询、受理政务等服务,是个很好的

范例。这说明他们的网站有信息内容开发、数据库建设做后盾。否则的话,网站就有变成"空站""死站"的可能性。网页老不更新,也会无人问津。其实,各级政府及其职能部门开发的信息资源或积累的政务信息并不会少,但由于网络互联互通差、信息社会化程度低,往往使他们的信息系统成了"信息孤岛",甚至因开发工作跟不上而变成"信息荒岛"。这种情况是同电子政务发展要求相背离的。

五、项目或工程的自建与外包的关系

电子政务的项目或工程,是自建好还是外包好,取决于许多因素,如政府信息技术部门的实力、项目或工程的保密性和安全要求、外包机制的发达程度、两种方式的费用效益比较、惩治腐败和消灭寻租行为的迫切程度、支持和带动本国信息技术产业发展的必要性等等。一般说,自建与外包两种方式需互补结合。至于何者为主,各占多大比重,则因事因地因部门而异。这个关系的处理还体现了政府行为与市场机制相互结合的必要性。但不管采取何种方式,信息技术人员与政府业务人员的相互学习和紧密合作,甚至是痛苦的磨合过程,却是项目或工程取得成功的秘密之所在。

六、加强政府监管与改进政府服务的关系

政府各部门尤其是那些业务程序逻辑性、规范性强的部门,如税务、海关等部门,他们搞电子政务往往偏重于提高政府监管的力度和水平。而企事业单位和社会各界经常希望电子政务能进一步改善政府的公共服务,做到"一站式"在线互动的便民服务。从政府转变职能的要求看,需要彻底摆脱传统计划经济的羁绊,切实把政府职能转向经济调节、市场监管、社会管理和公共服务上来。所以,加强政府监管和改进政府服务必须相互结合。这不是政府管理部门和政府服务部门的关系

问题,也不是政府近期工作与长远目标的关系问题,而是一件事情的两个方面,需要兼顾。当然,从根本上说,抓住电子政务应突出以服务用户尤其是人民大众为中心,因为我国政府的神圣职责就是为人民服务。实际上,监管或管理也是为了服务,且其中就有服务,而服务也可促进管理,甚至调动人民的力量来深化监管。

七、统一标准、规范与多样化、个性化的应用、服务之间的关系

在电子政务建设中,网络和信息的标准规范要统一,但系统的应用和提供服务要多样化、个性化。这个问题讲容易,做很难,但应努力去做。

八、保护知识产权与扩大知识成果影响范围的关系

随着电子政务的发展,知识产权的保护问题越来越重要,不仅技术、专利、软件等有知识产权,而且表现为编码型知识的信息如研究报告等也有知识产权,应加保护,但同时需创造条件扩大知识在更大范围内的影响,以造福社会。

九、信息的保密、安全与信息的交流、共享的关系

在电子政务发展中无疑要高度重视信息的保密和安全问题,但亟须加强保密管理和安全管理。为此,还需不断进行信息的保密、安全教育,提高全社会对信息的保密、安全意识。这里有技术问题,但从根本上说,还是一个制度问题。保密和安全应有切合实际的制度。保密是有期限的,过了一定时间就应适时解密。保密是有一定范围的,不能任意扩大保密范围。在遵守保密制度和确保网络安全、信息安全的前提下,应扩大政务信息的交流和共享,提高其社会化程度。这对促进政府

改革、经济发展、社会进步都是必要的。

十、人员培训与业绩考核的关系

发展电子政务首先要依靠公务员,他们的素质和水平至关重要。对他们来说,电子政务是新事物,掌握它需进行学习和培训,尤其要在政务实践中自觉地促使传统政务逐步转向电子政务。不仅一般公务员要培训,对各级政府的领导同志尤其是"一把手",也需用必要的时间以适当的方式进行培训。这样他们懂得了电子政务及其革命意义,落实电子政务的"一把手原则"才有可靠的保证。人员培训需与政府业绩考核相结合,把建设与实施电子政务的成果,纳入政府业绩考核范围,这样,各级政府领导者和广大公务员,就会有学习和实践电子政务的更大动力。

十一、法治与德治的关系

推动电子政务发展,要立法先行,这是发达国家发展电子政务的共同经验。例如,美国有《政府信息公开法》《个人隐私权保护法》《美国联邦信息资源管理法》《文书工作削减法》等等。我国国家信息化领导小组在电子政务起步之际就讨论通过了《关于我国电子政务建设的指导意见》,这虽然还不是立法,但该文件具有法规性质,很及时。北京市十分重视电子政务法规政策软环境的建设,发布了《北京市数字证书管理办法》《北京市信息安全服务资质管理办法》等规章。但是,法律规章制度的起草、制定和公布往往是滞后的,在我国还是严重滞后的,况且立法和司法经常需要同思想道德教育、科学知识普及工作、社会舆论影响、政务活动习惯改变、公务员和社会公众自律行为等因素相配合。这就是要培植电子政务文化,提高电子政务参与者的道德水平,用道德力量来约束和抑制违规行为,以弥补电子政务法治之不足。

十二、国内电子政务与国际电子政务的关系

同电子商务一样,电子政务的实施范围总是要超越国界的。在搞好全国政府系统内网(或专网)平台和全国政府外网服务平台的同时,还需考虑同其他国家和国际组织的电子政务往来问题。这既要从我国实际出发,又需同国际电子政务发展的步调合拍。

以上要正确处理的十二个关系,说明电子政务的发展过程是复杂的,需要统筹兼顾,协同整合,全面考量,防止片面性。

第十六章　电子政务与电子
　　　　　商务的异同与互动

　　信息高速公路,包括国家信息基础设施(NII)和全球信息基础设施(GII),有五大应用领域:电子商务、电子政务、远程教育、远程医疗、电子娱乐。其中,电子商务和电子政务排在前两位,它们之间的异同与互动联系值得人们关注。

第一节　电子政务与电子商务的异同

　　这个问题似乎很容易回答。电子政务与电子商务的相同点在它们都运用电子信息技术,尤其是因特网,构成因特网、内联网、外联网的体系。电子政务与电子商务的相异点,在运用电子信息技术的主体不同:一个是政务,是公共行政管理活动,主要与政府部门相联系;另一个是商务,是营利性活动,主要与企业相联系。

　　但是,换一个角度讨论此问题,电子政务与电子商务都在发展,这是共同点,但两者的发展早晚和一定时间内的发展快慢却是有区别的。这样解释起来就要费一番周折了。

　　电子商务比电子政务出现早好几年。因为目前的电子商务是以因特网为基础的,它是从基于电子数据交换(EDI)的电子商务演变过来的。电子数据交换是在一种专用的电子信息网络上实现的。这种在电子信息网络上由技术、物资过程和人融为一体的商业交易活动,首次于 1989 年,被美国学者劳伦斯·利弗莫尔称之为 Ecommerce,即电子商务。但基于因特网的电子商务与其前身,以电子数据交换为基础的电子商务相比,不仅成本极大地降低、效率大幅度提高了,而且还把数字化的电子市场大大地扩展了,使电子商务产生了质的飞跃或新的提升。

晚些时候才提出电子政务的问题。1992 年,美国前总统克林顿最先宣布,要把他的政府变成电子政府。按克林顿的解释,这是一个利用信息技术改造政府内部业务流程,提高政府工作有效性和生产率的"少纸"的政府。严格点说,电子政务、电子政府、政府信息化是三个既有联系又有区别的概念。政府信息化是指工业社会的政府向信息社会的政府演进的过程。电子政府可理解为与传统政府相对应的新型政府,克林顿就是在这个意义上使用电子政府概念的。但电子政府也可理解为与现实政府相对应的虚拟政府或网上政府。电子政务,是指在政务活动中采用信息技术,实现网络化,通过政府信息交流和共享水平的提高,达到全面改进政府工作的目的。

电子商务是企业行为,受市场波动的影响较大;而电子政务是政府行为,决定于政府的财力和决心。尽管电子商务和电子政务一开始发展势头都很猛,但网络泡沫破灭后,由于电子商务中网络企业的商务模式不规范、不健全,不少网络企业纷纷倒下,经过调整重组,特别是一批传统企业先后认识和采用网络以后,电子商务才走上稳步发展的轨道。在 2003 年,抗击非典型肺炎肆虐的斗争中,电子商务又显露了它的优越性。电子政务的发展则与此不同,一直比较平稳,而且特别迅速。据原联合国经济与社会事务部跨地区顾问周宏仁博士介绍,美国联邦政府提出电子政府后,不到 4 年的时间就取得了非常明显的效果,仅政府开发就节约了 1180 亿美元,对居民和企业还增加了 3000 多条新的服务标准,另据联合国教科文组织的调查,62个国家(包括23个发达国家和39个发展中国家)内,就有89%的国家,程度不同地在推动电子政务的发展。我国政府在2001年末,就提出了"政府先行,带动信息化发展"的方针,至2002下半年开始不久,就制定了《关于我国电子政务建设的指导意见》,随后,我国政府从中央到地方,如火如荼地掀起了实施电子政务的热潮。

第二节 电子政务与电子商务的互动

电子政务与电子商务之间存在着互动的关系。电子商务的发展对电子政务的实施提出了要求,反过来,电子政务的实施又对电子商务的发展起到了促进作用。这种关系还因信息时代企业与政府的关系更趋紧密而强化。

从电子商务方面看:电子商务的部分类型,除B2B、B2C、C2C之外,还有B2G,即企业对政府的交易活动,它要求电子商务与电子政务在网上对接,以完成企业把政府作为顾客的销售过程;至于全程的电子商务,离不开商检、海关、税务等政府部门的直接参与,像网络建设、资格认证、规范管理、安全保障等更需要依靠政府,当政府采用电子政务后,更能方便和促进电子商务的发展。

再从电子政务方面看:政府采购采取网络采购的形式,不仅可规范政府采购行为,减少腐败现象,节约财政资金,而且能给电子商务带来商机,在价格透明的情况下促进企业间竞争,有利于推动电子商务的发展;政府通过电子政务改进对企业的监管与服务,既使参与电子商务的企业行为规范,又给他们以方便,还为他们创造发展条件,这会导致电子商务持续、快速、健康的发展。

除上述电子政务与电子商务两个方面的互动关系外,最为关键的还在于加强了企业与政府之间的网络沟通,使企业更了解政府,也使政府更掌握企业的活动,促进双方的信息交流和信息共享,为政企合作、建立新关系奠定了基础。

电子政务与电子商务在互动中共谋发展,需要着力解决体制层面和管理层面的主要问题,把目标集中于提高政府服务和商业服务的质量。

在体制层面上,无论是实施电子政务的政府,还是开展电子商务的企业,推进信息化时需使信息技术的应用、信息资源的开发,同现行体制及其政府相互适应、彼此协调。这是一项艰巨的任务。搞不好,就会出现种种体制障碍,影响电子政务和电子商务的顺利发展。

在管理层面上,政府和企业也都需要调整机构、组织队伍、加强法规和规范、改进规划和计划,以及两者之间的衔接、更好地利用方法和工具,以便有效地推进电子政务和电子商务,使它们达到事半功倍的目的。

以上两个方面的工作,呼唤着政府部门和企业单位的首席信息官(CIO)的涌现。首席信息官应成为推进电子政务和电子商务的领军人物,因为他们肩负着在信息化过程中整合资源、组织力量、协调关系、实现既定目标的重大任务。

突出服务、提高服务质量,是电子政务和电子商务发展中的共同要求。所说的服务,对电子政务而言,是指政府服务;对电子商务而言,则是指商业服务。政府服务的"消费者"则是各种顾客和政府。服务的组成要素包括:提供服务的设施或环境、服务本身的载体、可给"消费者"带来看得见的利益、"消费者"对服务的感受和对服务主体的认同。服务的质量就是由上述诸要素共同决定的。"消费者"最关心的往往是服务质量有多大的"缺口"。这种"缺口"需由政府和企业不断去"填补"。其"填补"情况,也就成了电子政务和电子商务成熟程度的一个重要标志。

附　　录

一、关于健康发展电子商务专业的若干思考

（一）电子商务专业前景诱人

电子商务是一门全新的专业,也是一门跨学科、多学科交叉整合的高复杂性专业。它的前景是由电子商务的社会需求所决定的。随着信息革命的深入,信息技术发展日新月异,因特网越来越普及,电子商务同电子政务、电子社区一样正在成为现实,并不断趋向完善,广泛地渗透到社会经济生活的方方面面。电子商务的出现和发展,不仅引发了商务革命,而且还引发了经济革命,其影响是无比深刻和十分长远的。

从世界范围看,近七八年来,基于因特网的全球电子商务已从酝酿起步、迅速膨胀进入到稳步发展阶段。据联合国报告,2001年,全世界因特网用户突破5亿户、电子商务交易额达到3549亿美元,2002年,上述数字预计相应各增长31%和73.1%,因特网用户增至6.55亿户,电子商务交易额升为6153亿美元。但各国间发展很不平衡,2002年,网络购物者占网络使用者的比重,在37个国家和地区中,平均为15%,其中,美国、韩国,分别高达32%、31%;而我国的台湾和香港,分别为12%和8%。据Forester等3家全球著名预测机构估计,今后4年(2003—2006年)世界电子商务仍然会以53.8%的速度增长,发展中国家的发展速度更快,可达到69.1%。至2006年,全球B2B电子商务交

易额将占到整个电子商务交易总额的95.6%。值得注意的是,移动电子商务、旅游电子商务、娱乐电子商务将成为电子商务发展中的新亮点。

从我国情况看,2002年以来,由于电子政务全面实施的促进和2003年上半年"非典"冲击招致"非接触"经济被公众接纳的影响,加上电子商务生态环境(包括运行、安全、支付、物流、认证、信用、市场等环境)逐步持续改善,我国电子商务取得了长足的发展。根据中国信息产业发展研究院(CCID)提供的资料,2002年,我国电子商务交易额已达1809亿元,比2001年的1088亿元增长66%。其中,B2B和B2C的交易额,分别年增60%和90%。2003年,电子商务交易总额有望增至3556亿元,其中B2B所占比重可达75%。至2002年底,电子商务网站总数为3804个,比2001年增加了12%。需要指出,外贸、金融、农业、旅游、纺织、建材、房地产等各行各业的电子商务发展特别迅速,北京、上海、天津、重庆、广东、江苏等省市,和宁波、青岛等大部分中心城市的电子商务进展喜人,还有海尔、宝钢、中石化、中航信等著名企业和其他一批中小企业,在信息化基础上实施的电子商务及其效果令人瞩目。据了解,全国大约有70%的大中型企业已上网,通过网络发布产品信息,进行洽谈和签约、开展营销和交易活动。尽管目前我国互联网用户占总人口的比例还不到5%,推进电子商务仍然存在这样那样的种种障碍,但是循序渐进地视客观条件分层次实施初级电子商务(非支付型电子商务)、中级电子商务(支付型电子商务)、高级电子商务(支付型与现代物流相结合的电子商务),并且长期坚持下去,电子商务全面开花结果的时刻是一定会很快到来的。

从理论和实践看,电子商务与经济全球化具有互为因果的关系,电子商务对企业绩效又有巨大的影响力。一方面,全球化是企业采用因特网、实施电子商务的强大驱动力,因为全球化为企业带来国外竞争压力、降低成本压力、贸易伙伴方面压力等,迫使企业非搞电子商务不可;另一方面,电子商务的发展促使企业日益全球化,因为企业的产品或服务、生产要素或资源,以及技术和信息等都易于在全球范围运营和流转,国际销售额和国际采购额都会有很大程度的增加,而且企业的总部、分支机构也可移到国外去。电子商务的生命力还在于能全面提升企业的绩效,包括降低采购成本、改进与供应商的协调、增加销售额、扩大销售区域、降低库存成本、提高员工生产率、提高内部运作和外部协调的效率、改进对客户的服务水平和质量、增强竞争能力、扩大商机和实现商业扩张等。所以,传统商务向电子商务的转变,乃是企业在因特网时代适应变化的全球化环境,以提高其绩效的一种必然选择。

在全球和全国电子商务发展前景的引诱下,2002年,有10多所高等院校开始试办电子商务专业,而后经教育部两次批准,至今已有100多所高校设置了本科的电子商务专业。这是社会需求推动的结果。一时间,许多工科院校和文科院校都积极参与了这一兴办电子商务新专业的重大活动。那些较后进的院校还把此作为一个新的教学增长点,力图抓住机遇在同一起跑线上与较先进的院校,在培养电子商务专业本科生上争个高低。这种精神也是可嘉的。

迄今为止,应当说,电子商务专业的前景仍像电子商务本身一样是诱人的,没有变,只是人们原先对它的过高期望,经过冷静思考后加以调整,而变得更为现实罢了。

(二) 电子商务专业矛盾不少

各校本科电子商务专业招收学生已有两三年时间了,再过一两年,第一届电子商务专业本科生将要毕业走向社会去求职。据媒体报道,他们的就业前景同国际贸易、国际金融专业一样,会比计算机专业等其他本科生的就业前景更看好些。但是,仍需要看到,在申办电子商务本科专业过程中,确实存在不少矛盾亟待解决,以使前几批即将毕业的本科生有更好的就业前景。

我同华侨大学经济管理学院电子商务专业、信息管理与信息系统专业的教师座谈讨论后,认为这些矛盾主要有:

1. 专业供求的矛盾

从经济学角度分析,供求矛盾是不可避免的,需要我们不断去调节。无疑,对电子商务专业的长远需求和潜在需求是巨大的,而在我国电子商务专业的近期需求和现实需求并不是那么大。许多院校看到了前一种需求,积极调配力量、整合资源,去满足这种需求当然是有一定道理的。于是,供给纷纷增加,办电子商务专业的学校越来越多。可惜,没有人对上述需求作过具体的、精确的分析,而且,教学需求往往是模糊的、不易量化。因此,在学生毕业时,很可能出现供给远大于需求的局面,而这又是我们不愿意看到的,因为它会给专业发展带来种种困难,甚至难以持续下去。

2. 两种导向的矛盾

顾名思义,电子商务既有电子又有商务,是两者的整合。电子商务是技术、基础设施、商业流程、产品和服务等构成的复合体。因此,在电子商务专业教学中,不可避免地会出现技术导向和商务导向的问题。不同性质的学校、不同学术背景的教师,肯定会偏倚于这种或那种导向,这是可以理解的。但千万不能用一种导向否定另一种导向。我们主张,两种导向应相互靠拢,实现较完善的结合。比如在工科院校强调技术导向的同时,应以解决商务问题为目的;而在文科院校强调商务导向的同时,应重视对技术的了解和运用。要使学生经过几年的培养,在电子商务上至少有一两种"看家本领",无论是在电子商务的系统配置和软件开发方面,还是在电子商务的经济分析和管理实务方面。

3. 学生质量与教师水平的矛盾

据了解,这个矛盾比较突出。因为报考电子商务专业的各校本科生,都是以高分考进来的,求知欲高、学习能力强,而我们的教师大多来自不同专业,目前,很难找到电子商务专业科班出身的教师,这就不可避免要出现对学生"喂不饱"、让学生"吃不好"的问题。日子久了,有些学生就觉得电子商务专业好像没有什么可学似的,看不到或看不清自己的前程,有的就提出要转专业甚至退学等问题。这种情况在我国过去一些学校的管理信息系统专业中也出现过。关键是要满足学生的求知欲望,培养学生的学习兴趣和能力,使他们认识和把握住自己所学专业的发展现状和方向。这样,我们的教师难免要辛苦一点,先学一步,教和学结合相长。

4. 课程设置与教材编写的矛盾

电子商务专业开哪些课?什么年级上什么课?其中核心课程是什么?每门课用什么教材?怎样编写?其中基本教材用哪些?这些问题都要通盘考虑,逐步解决好。全国高校电子商务专业建设协作组和电子商务骨干教师培训班,在这方面发挥了很大和很好的作用。但现在仍存在课程多而散、基础课程与专业课程分不太清楚,有关电子商务的书籍很多很多,低水平重复现象还比较严重,内容深和专的程度不够。这些问题需要我们一起来研究、共同来解决。

5. 电子商务理论与实践的矛盾

电子商务还是个新生事物,其发展历史还不到 10 年,不仅理论有待发展和深化,而且实践还不够成熟,随着第二代因特网的产生和国际电子商务的发展,电子商务本身还会有进一步的变化。有些院校的师生感到电子商务的理论比较浅显,而电子商务的实践又不太成熟,虽然建立了电子商务实验室,但是不易找到电子商务实习基地。这些都影响电子商务专业教学研究水平的提高。

6. 与其他专业的矛盾

例如,电子商务专业同信息管理与信息系统专业、物流专业、营销专业、金融专业、旅游专业等许多相邻专业的关系,不容易划得很清楚,一伸"腿"就到其他专业那里去了。哪些知识领域是电子商务专业本身所特有的,与其他专业相重叠的部分如网络营销、网络银行、电子商务物流,电子商务税收,以及电子商务信用等,怎样才能与其他专业相区别,而有自己的特色,都需要深入研究。

(三) 电子商务专业发展对策

电子商务专业在发展过程中产生这样那样的矛盾,是不足为怪的事情。经济和管理方面的其他专业尤其是复合型专业如数量经济学专业,都有过类似的情况。目前,不少院校正在建设的电子政务专业,也已出现类似的情况。这些发展中遇到的问题只有通过发展逐步解决,发展才是硬道理。但是,为使电子商务专业的发展减少盲目性、增加自觉性,少些非理性成分、多些理性因素,真正走上健康的、可持续的发展道路,就必须认真对待我们在前面列举的一些矛盾,针对这些矛盾采取相应的正确对策。

1. 宏观上控制供给、诱发需求

力求在各个不同阶段,基本达到电子商务专业本科生供求大体均衡。这需要教育部等政府部门对电子商务专业本科生人才的供求计划进行深入调研,目前,应控制供给、保证本科生质量,同时诱发需求、满足我国加入世贸组织后发展电子商务的人才需求。这不仅有人才供求的总量平衡问题,而且要注意解决供求结构问题。例如,目前,我国政府部门因电子商务的发展而需调整和改变财经政策的高级人才极度缺乏,虽然,我们培养了数量众多的从事企业开展电子商务的专业人才,仍会存在人才供求的结构失衡问题。为了避免类似的结构失衡,鉴于电子商务专业的复合性,需适当对它进行细分,如宏观电子商务、企业电子商务、各行各业的电子商务等,并授予学生以相应的宏观的、企业的或不同行业的有关知识。

2. 从实际情况出发确定导向问题

从根本上说,电子商务同电子政务一样,商务或政务是主体,电子是工具、手段,要为商务服务,并使商务从传统方式改为现代方式。当然,电子商务需与传统商务相结合,改造和提升传统商务,使传统商务为主转向电子商务为主。不同院校建设电子商务专业,以技术为导向还是以商务为导向,这取决于各院校的性质和特点,工科院校无可非议要以技术为导向,服务于商务;而文科院校自然需以商务为导向,把技术拿过来用。不论采取何种导向,均应强调电子与商务的结合。在不同性质的院校凡学术背景与院校专业导向不一致的教师,需努力贯彻既定导向的要求。

3. 尽快提高教师素质和水平

教师是为学生服务的。要千方百计改变"一流学生、二流教师"的不协调现状。电子商务是个新专业,教师应先走一步,首先自身要学好,才能向学生传授好专业知识,并提高他们的专业技能。教师在因材施教的同时,对电子商务专业课程和问题的研究要深入、深入、再深入。同时,要向同学们说清楚,本科阶段是打基础的,重要的是增强学习能力。"师父引进门,修行靠个人。"学生在校时,应为毕业后将来在工作岗位上提高自学效率奠定必要的基础。教师在这方面有责任帮助同学做得好些。

4. 专业课程要少而精,教材内容要专而深

基础课与专业基础课要多而广,但专业课只能少而精。在经济与

管理学院的电子商务专业,应当抓好电子商务经济学和电子商务管理学这两门主课的教学研究工作。教材要精选,多出专著。在目前情况下,应加大国外教材的引进、翻译和编译的力度。学生英语水平高的院校,应提倡和鼓励同学们多读原著。发达国家尤其是美国,电子商务远比我国发达,电子商务教材内容也远比我国有深度。在这种情况下,引进、消化、吸收,并进行"二次创新",是最好的选择。所谓"二次创新",就是要结合我国的国情和商情,编著国内同学愿学、爱学的教材,并不断修改再版。好的教材不能出一版就了事,而需根据理论研究和商贸实务的新发展,根据教师、同学在讲和学教材的过程中反馈的意见,以及出版后发现的问题,及时组织力量修订重版。教材建设是百年大计,必须认真抓好。

5. 关注和参与电子商务实践的发展

电子商务专业实践性和应用性强,要坚持理论联系实践的原则,密切关注实际变化,积极参与商界讨论。在教学过程中,"请进来、走出去",有条件的话,不时请经营电子商务的信息企业或采用电子商务的著名企业派代表来校传经,经常到电子商务基地(包括虚拟的电子商务实验室)去体验生活。这对电子商务专业的师生都会有莫大的帮助。

6. 搞好与相邻专业的合作关系

电子商务专业中有"网络营销""现代物流"等课程,这些课程在营销专业、物流专业等其他专业也是主课,且他们已有一定的经验和积累。在这种情况下,不一定非由电子商务系自己来开设这些课,而可把电子商务专业的特殊要求告诉相关教师,由他们来向学生授课,效果将会更好。要定期同其他相邻专业进行交流和合作,共同开好交叉的专业课,这可收到事半功倍之效。

二、信息化与跨越式发展

党的十五届五中全会指出:"以信息化带动工业化,发挥后发优势,实现社会生产力跨越式发展。"党的十六大又进一步指出:"坚持以信息化带动工业化,以工业化促进信息化","走新型工业化道路"。

我国实现跨越式发展有没有可能?以信息化带动工业化,对跨越式发展将产生什么样的作用?在跨越式发展中应注意哪些问题?这需要我们去研讨和回答。

(一)跨越式发展是一条重要的发展规律

世界上国家同企业一样,在一定时期的发展过程中,由于客观条件的影响和主观原因起作用,总会有先进与落后之分,甚至差距还很大。

先进国家有"先行取胜"的领先优势,落后国家也存在一种可能性,即"后来居上"的后发优势。这不等于说,越落后,后发优势就越大,而是说,在一定条件下,落后国家经过一番努力变后进为先进,是完全有可能的。

落后国家利用后发优势实现跨越式发展,有可能赶上、超过先进国家,这是由发展规律所决定的,其本身就是发展规律的体现。

首先,发展是不平衡的,具有非线性特点,这种特点在变化频繁、激烈的21世纪尤为突出。在发展的长河中,未来绝不会是现在的线性延伸,往往会有突变而呈现非线性的跳跃。先进与落后都是相对的,没有绝对的先进和绝对的落后,更不会有永远的先进和永远的落后。落后与先进是可以相互转化的。

其次,落后国家可向先进国家学习,引进先进国家已取得的成果,利用"搭便车"的效应,从模仿中提高自己,在发展过程中,跳过先进国家曾经出现过、但已不必再重复的一些发展阶段,且因没有先进国家的历史包袱,可在新的起点上画出更新更美的图画来。

再次,落后国家可从先进国家在发展过程中所犯的错误中吸取教训,借前车之鉴,不走或少走弯路,以较短的时间和较小的代价,实现与先进国家原来走过的发展历程相同的目标,从分析比较不同先进国家在发展中存在的问题,获取差别化优势,使自己的发展更有特色。

最后,落后国家可利用世界发展中出现的新变化、新转折、新的挑战和机遇,动员内部积极因素,创造性地作出快速反应和正确应对,以改变全球游戏规则,获得竞争优势,提升自己的国际实力地位。

以上是从国家发展的一般道理来说的。这些道理已为世界历史发展所证实。例如,世界科学和工业中心的转移,正是由17世纪的英国,到18世纪的法国、19世纪的德国,以至20世纪的美国这样轮回过来的。至于具体到中国这么一个发展中大国,原本是有着五千多年悠久历史的文明古国,曾有过辉煌的农业时代,只因错过了工业化机遇,导致工业时代的来临推迟了近200年的时间,新中国成立后,特别是1978年改革开放以来,仅在短短的最近10多年内,加快实现工业化,大力推进信息化,积极建设现代化,就已经取得了令世人瞩目的伟大成就。按照"分三步走"基本实现现代化的战略部署,现在已走完了头两步,开始在走第三步,即要到21世纪中叶,达到世界中等发达国家的发展水平。从我国人民生活的变化看,也已实现了从贫困到温饱,又从温饱到小康的两步历史性跨越,现正从总体上达到的小康水平向全面建设小康社会奋进。尽管我国的经济总量到2001年已居世界第六位,外贸进出口总额到2002年升居世界第五位,但是,我国生产力和科技、教育还比较落后,仍面临发达国家在经济与技术等方面占优势的压力。在这种形势下,创造条件实现跨越式发展,乃是我国必然的历史选择,舍此别无他路。

（二）信息化有利于跨越式发展

信息化其本义是由工业经济向信息经济、工业社会向信息社会演进的动态过程。中国目前还是个工业农业国,经济具有二元结构的特点,在农业经济向工业经济、农业社会向工业社会转变的工业化历史任务尚未完成的情况下,迎来了信息化,并已开始了信息化,这既是严峻的挑战,又是极大的机遇,如能正确应对,把信息化与工业化结合起来,就是一个难得的历史性机遇。我们讲抓住机遇,很重要的一条就是要抓住信息化这个机遇。由于清朝封建专制主义的统治,中国丧失了工业化的机遇,而在社会主义现代化建设中,我们再不能轻易放过信息化的机遇了。

在我国,推进信息化,有利于实现跨越式发展,这主要是因为:

第一,信息化可与工业化相结合,两步并作一步走,既缩短工业化的时间,又提高工业化的质量。我国大规模实施工业化,开始于20世纪50年代,大规模推进信息化,则兴起于20世纪90年代,相隔仅40年左右。这个间隔期远比发达国家先工业化后信息化这"两化"相距200多年,要短得多。按照党的十六大规定,我国将于2020年前基本实现工业化。这样工业化从开始到完成只花了70年的时间,也比发达国家工业化搞了200多年短得多。信息化能从观念、技术、管理、资源等各个方面带动工业化,使工业化的内涵更丰富、存在的问题得以缓解和克服、其发展还能增加很多新机遇。与信息化相融合的由信息化所带动的工业化,还能走出一条科技含量高、经济效益好、资源消耗低、环境污染少、人力资源优势得到充分发挥的新路子来,它既不同于发达国家以生态和环境恶化为代价的传统工业化道路,又不同于毛泽东同志在1957年提出的以正确处理农业、轻工业、重工业三者之间关系为内容的中国工业化道路。

第二,信息化可通过信息产业化和产业信息化的互动发展,调整和优化产业结构,使新兴的高新技术产业和原有的传统产业双双实现跨越式发展。随着信息技术和信息资源产业化的推进,以信息产业为代表的高新技术产业从无到有、从小变大、从弱转强,由国民经济的新增长点一跃而为有市场、有效益、有发展前景的重要支柱产业,而实现跨越式发展。同时,随着产业信息化的推进,全部产业的竞争力提高了,特别是广大的传统产业经过信息化改造后,旧貌换新颜,使"夕阳产业朝阳化""躯干产业智能化",由产业的第一次现代化(即传统的工业化)跃进到第二次现代化(即工业的信息化)。

第三,信息化可通过信息技术的推广应用、渗透扩散,使农业技术、制造技术、冶炼技术、采掘技术、运输技术、设计技术、管理技术、营销技术、消费技术等各种技术,逐步实现数字化、网络化、智能化,从而在技术的性能和功效上得到跨越式提高,而技术的成本和费用却出现跳跃式下降。由于信息技术日新月异,周期短,发展快,一代胜过一代,当它与其他技术相结合时,在技术上的跨越式发展就有了更广阔的空间。

第四,信息化可激活信息与知识,使其成为决定经济增长的主要因素和构成生产力最重要的软要素,通过信息交流和知识共享,提高个人学习与组织学习的效应,扩大企业与国家创新体系的作用,强化隐性的意会型知识在创新中的主导地位,优化创新机制,以促进生产力跨越式发展。

（三）通过信息化实现跨越式发展应注意的问题

首先，要正确处理技术创新与制度创新的关系。推进信息化，实现跨越式发展，必须以技术创新和制度创新的相互结合、彼此促进为条件。要用技术创新开路，引发和推动制度创新，又要用制度创新作保障，为技术创新扩展空间和创造环境。技术创新好比生产力的变革，制度创新好比生产关系和上层建筑的变革。这两者是同样重要的，需互动发展。但在不同的时间、地点和条件下，两者间确有个孰重孰轻的问题。在既定的体制和机制下，技术创新重于体制创新，它对跨越式发展往往起决定性作用；而当体制和机制已阻碍和束缚技术创新时，则制度创新重于技术创新，改革体制和转换机制就对跨越式发展有了决定性作用。

其次，要正确认识基础环节以及技术、制度、管理等因素在发展过程中跨越阶段时的特性。历史经验表明，在推进信息化以实现跨越式发展的过程中，凡基础性的关键环节是跨越不了的。例如，我国工业化过程中巩固农业的基础地位，长期以来一直解决得不够好，发达的制造业基础也尚未完全建立起来，这就需要特别关注，给予弥补或加以充实。否则，在将来仍会拖累整个发展而被迫回过头来进行补救。此外，在不同领域进行跨越的难易程度往往并不一样。例如，制度上和管理上的跨越发展，就比技术上跨越发展难得多。这是因为现成的技术拿过来一学就可用，在用中虽然也会因利害关系产生阻力，但是，由于使用技术的效应显著而会迅速造福于相关各方，使阻力消除比较快。至于制度和管理则不然，想跨越就会因利益刚性强、习惯势力和惰性作用大等因素而遇到难以克服的抵制，有时，还不得不同强烈的反抗力量进行妥协，以免造成社会动荡。因此，不凭主观愿望，努力创造条件，为跨越式发展扫清道路,就成了客观的必然。这些条件诸如正确制定发展战略和方针政策,合理调整利益关系和确立新的利益格局,积极营造求实创新、奋发图强的社会环境和文化氛围等等。

  最后,要正确把握自创特色的关键。以信息化带动工业化,实现跨越式发展,决不能局限于先进的发达国家所经历的发展轨迹,只以缩短现存的差距为目的。实际上,由于我国发展基数小,尽管发展速度很高,但在一定时间内,发展差距不是缩小却会扩大,只有经过足够长的时间后,发展差距随着发展速度持续提高才会趋向缩小,以至消失。差距缩小过程一般呈倒 U 型。我国必须开创有自己特色的发展道路,既要学会和利用他国的强项,更要建立和发展别人没有的自我的强项,使别的国家哪怕是目前世界上最先进的发达国家也有求于我。这样,才不至于尾随他国之后亦步亦趋,只缩小差距却不能消灭差距,相反,能从各方面尽快产生反向的差距,把跑在我国前面的国家甩到后边去。